5 conversaciones que usted debe tener con su hijo

5 conversaciones que usted debe tener con su hijo

Vicki Courtney

PATMOS

5 conversaciones que usted debe tener con su hijo

Publicado por Editorial Patmos,
Miami, FL 33169

Publicado originalmente en inglés por B&H Publishing Group, Nashville, Tennessee, con el título *5 Conversations You Must Have With Your Son.*

Traducido por Wendy Bello
Adaptación de Portada: Leonardo Francia

ISBN 13: 978-158802-6835
Categoría: Vida Cristiana

Impreso en Brasil
Printed in Brazil

Dedicatoria

A mis hijos, Ryan y Hayden.

Gracias por haber soportado pacientemente las conversaciones que encierra este libro (¡o al menos fingir que lo hacían!). Una de mis mayores alegrías en la vida ha sido criarlos a ustedes, de la cuna a la universidad. ¡Los amo!

Reconocimientos

Keith, sigo reconociendo y agradeciéndote en cada libro, pero vale la pena repetirlo: yo no pudiera hacer lo que hago si no fuera porque tú eres mi relevo (¡y muchas veces traes comida hecha!). Gracias también por tu contribución con el material adicional "De papá a papá" para el blog de las 5 conversaciones. Cuando lo leí me quedé admirada por la manera tan determinada en que has disciplinado a nuestros hijos al pasar los años. De veras, deberías ser tú quien escribiera este libro... o quizás, ¿una segunda parte para papás? Nuestros hijos (e hija) son tan bendecidos de tenerte como papá. Y yo soy más bendecida todavía al tenerte para mí. ¡Listos para los años del nido vacío!

Ryan y Hayden, cuando ustedes eran pequeños, a menudo yo les decía mientras los arropaba para dormir y orábamos juntos:

"Me alegra tanto que Dios me haya escogido para ser su mamá". Hoy lo digo más todavía. ¡Me alegra tanto que Dios me haya escogido para ser su mamá! Estoy muy orgullosa de ustedes y de cómo aman al Señor. Ansío ver lo que él les tiene deparado para el futuro. Dediquen sus vidas a vivir para él y no se equivocarán.

Matt, mientras escribo los reconocimientos para este libro estás a unas pocas semanas de proponerle matrimonio a mi hija. Cuando llamaste a su papá y le pediste la mano de nuestra hija en matrimonio no cabíamos de la alegría. Eres justo lo que imaginábamos todos esos años cuando orábamos por el futuro esposo de nuestra hija. ¡Bienvenido a la familia, hijo!

Lee, cada libro que escriba incluirá una nota de agradecimiento y un grito de júbilo para mi agente maravillosa, lo que sencillamente significa que no puedes retirarte hasta que escriba mi último libro. ¿De acuerdo?

Jennifer Lyell y el equipo de B&H, muchas gracias por asociarse conmigo para llevar este mensaje a las mamás con hijos varones. Estoy segura que el próximo título de esta serie será *5 Conversaciones que debes tener con tus yorkies*, ya que hablo sin parar con mis cachorros todo el día. Vamos a conversar… ¡hay muchos amantes de perros por ahí!

A las lectoras de mi blog que tienen hijos y me han animado a escribir este libro, me alentaron en el proceso y me ayudaron al responder las muchas preguntas que hice sobre sus propias experiencias en la crianza de los hijos: Muchas gracias por su apoyo. Sus hijos son muy bendecidos al tener madres tan interesadas y preocupadas.

Y por último, los reconocimientos no estarían completos sin darle gracias a aquel que me permite escribir, hablar, vivir, respirar y amar. Oro para que este libro le dé gloria y honor a mi Salvador, Jesucristo.

Contenido

Introducción 11

Conversación No. 1: No defina la hombría según los estándares débiles de la cultura. ¡Está bien ser hombre!

Capítulo 1: El debilitamiento del hombre moderno 17

Capítulo 2: El mundo maravilloso de los varones 27

Capítulo 3: Hechos para la aventura y unos cuantos viajes a la sala de urgencias 35

Capítulo 4: Las mamás tipo helicóptero son peligrosas para la salud de un niño 44

Conversación 2: Lo que usted no conquiste puede convertirse en su amo.

Capítulo 5: Criar a un hombre sabio 57

Capítulo 6: El secreto del dominio propio 69

Capítulo 7: La pornografía: una realidad virtual 76

Conversación 3: ¡No todo el mundo lo hace! (Y otras verdades desnudas sobre el sexo que no escucharás en la sala de vestuario.)

Capítulo 8: Más allá de la cigüeña 90

Capítulo 9: Diviértete ahora, paga después 102

Capítulo 10: Apúrate y espera 113

Capítulo 11: Una conversación sobre el sexo nueva y mejorada 123

Conversación 4: La infancia solo dura un tiempo. P.D. ¡Es hora de crecer!

Capítulo 12: Soltero en casa: ¿Hombre de verdad o Peter Pan? 132
Capítulo 13: ¿Felices para siempre?: Como evitar los destructores del matrimonio 142
Capítulo 14: De la niñez a la adultez: Un plan exitoso para despegar 154

Conversación 5: Los hombres piadosos están escasos. ¡Atrévete a ser uno de ellos!

Capítulo 15: Se busca: Algunos buenos ejemplos 168
Capítulo 16: Criar a un caballero 174
Capítulo 17: Santidad por encima de la bondad 188
Notas 197

Introducción

Como con la mayoría de las introducciones que he escrito para libros anteriores, dejo esta tarea para el final. Siempre tengo en cuenta que la introducción es la primera impresión para un lector. Por tanto quiero que sepas desde ya que no soy experta en criar hijos varones. No tengo títulos en desarrollo infantil y me encojo por dentro cuando alguien me presenta como una "experta en la cultura juvenil" lo que ha sucedido en ocasiones. Solo soy una mamá en las trincheras como tú, que ama mucho a sus hijos y a toda costa quiere lo mejor para ellos.

Cuando llegué del hospital a casa con mi hijo mayor, no tenía la menor idea de cómo criar un hijo varón. Tener un hermano menor me dio una pequeña idea del maravilloso mundo de los varones así que no ignoraba del todo las payasadas de los varones (como su encanto por los eructos, por ventosear y por hablar sin parar de los eructos y de ventosear). Cuando yo contemplaba a mi hijo recién nacido inocente y precioso, recordé algunas de las aventuras de mi hermano llenas de testosterona y me dio un escalofrío en la espalda. Veamos... una vez se tiró del techo sobre una pila de hojas e insistió a sus amigos que eso amortiguaría su caída. Que conste que no fue así. O cuando él y un vecino le prendieron fuego a una casa abandonada, y un equipo de bomberos se apareció en nuestra casa para interrogarlo (él estaba escondido en su armario). ¿Y quién podría olvidar la vez en que, por accidente, me disparó en la uña con una escopeta de aire? Pero el peor recuerdo sin dudas es verme obligada a compartir el baño con él. (Esto fue un factor que contribuyó en que mi hija tuviera su propio baño cuando construimos nuestra casa. No hay que decir más.) Después de criar dos hijos varones aún no estoy muy segura de entender enteramente el mundo de los varones que cuando comencé. Sin embargo, luego de cientos de medias enmohecidas y asientos de inodoros salpicados de orina, amo locamente a mis hijos. Ellos me han robado el corazón. Tengo la corazonada de que a ti te pasó lo mismo, de lo contrario es muy probable que no hubieras agarrado este libro.

Quizá te fijaste en que el subtítulo de este libro es *Desde la cuna a la universidad hable con sus hijos la verdad sobre la vida antes que crean las mentiras de la cultura.*

Al escribir este libro lo he hecho contigo en mente, recordando en todo momento que algunas madres tienen hijos que están más cerca de la cuna y sin embargo otras, como yo, tienen hijos que están más cerca de la etapa de la universidad. Hace varios años cuando escribí *5 conversaciones que debes tener con tu hija*, lo hice durante el último año de secundaria de mi única hija. El lanzamiento del libro fue a un mes de tener que dejarla en la universidad (en otro estado), lo que hizo que el momento fuera un poco irónico. En la introducción del libro señalé la ironía del momento y sin embargo, aquí estoy de nuevo experimentando la misma ironía. Mientras escribí este libro ocurrieron varias cosas que ya puedo tachar en mi lista de pendientes:

- Asistí al último juego de fútbol de mi hijo menor durante la secundaria.
- Hice cheques para pagar las fotos de graduación de secundaria de mi hijo menor, las invitaciones para su graduación y su toga y birrete.
- Ayudé a mi hijo menor a hacer solicitudes para la universidad y celebré su decisión de entrar a la Universidad de Texas.
- Celebré la graduación de universidad de mi hijo mayor (Universidad de Texas) y lo ayudé a mudarse a su ciudad natal, Austin, Texas.
- Celebré que mi hijo mayor consiguiera su primer trabajo "de verdad" ¡y que dejara de estar oficialmente en nuestra NÓMINA!
- Celebré el compromiso y la boda de nuestro hijo mayor con una joven cristiana maravillosa.

¡¿Quién hubiera imaginado que el momento del lanzamiento de este libro coincidiría con el final de las travesías de mis propios hijos de la cuna a la universidad?! Y como si eso no fuera bastante irreal, añadí a la lista:

- Confabulación con el novio de mi hija (un maravilloso joven cristiano) para ayudarle a encontrar el anillo de compromiso perfecto y una idea creativa para proponerle matrimonio.

Cuando este libro llegue a las librerías, mi hijo mayor estará casado, mi hijo menor estará a punto de empacar las maletas para irse a la universidad y mi hija está preparándose para caminar hacia el altar y decir "Si". Oh, ¿y ya mencioné que mi esposo y yo nos convertiremos oficialmente en un matrimonio adulto sin hijos en el hogar envueltos en un torbellino de eventos? Ha sido un año lleno de tremendos momentos emotivos mientras lloramos una larga lista de "por última vez" y celebramos muchas primeras veces.

Sobra decir que las conversaciones que he tratado en este libro han estado presentes como nunca en mi mente mientras se me recuerda de primera mano cuán rápido vuela el tiempo. Por favor quiero que sepas que mis hijos distan mucho de ser perfectos. Mi esposo y yo hemos experimentado baches en el camino y a menudo nos parece que estamos aprendiendo según avanzamos. De hecho hace poco le dije a una amiga que me parece que por fin estoy comprendiendo este asunto de criar hijos, ¡y quién lo iba a decir, estoy al final del camino! No existe una fórmula a prueba de tontos cuando se trata de criar hijos que amen al Señor y cumplan con sus verdades. A veces veremos el fruto inmediato de los depósitos santos que hemos hecho en las vidas de nuestros hijos; mientras que en otras ocasiones pudiera tardar años. E incluso en otras ocasiones pudiera no verse hasta que llegan los nietos ¡y nuestros hijos de pronto aprecian las responsabilidades que vienen al ser padres!

Al reflexionar en mi propia trayectoria de crianza, he descansado en la paz de que solo soy responsable del rol que desempeño. Al final no tengo control de los resultados. A medida que mi esposo y yo comenzamos un nuevo capítulo en nuestra travesía como padres, hablaremos menos de las conversaciones que se presentan en este libro, y oraremos más. Pero sobre todo, descansaremos en la paz de que hemos aprovechado los momentos ideales para enseñar (Deuteronomio 6:6–9) y que tuvimos muchas conversaciones con nuestros hijos a lo largo del camino. Lo que ellos hagan con esa inversión al final dependerá de ellos. Criar hijos es un trabajo difícil, pero yo no lo cambiaría por nada. Ya sea que la recompensa por tu arduo trabajo sea inmediata o se demore, estoy segura de que te haces eco de lo que se expresa en 3 Juan 4 cuando dice: "No tengo yo mayor gozo que este, el oír que mis hijos andan en la verdad". Persevera. Espera para recibir el premio. Haz tu parte al hacer depósitos santos en las vidas de tus hijos. Y confía en Dios para los resultados.

CONVERSACIÓN NO. 1:

No definas la hombría según los estándares débiles de la cultura. ¡Está bien ser hombre!

CAPÍTULO UNO
El debilitamiento del hombre moderno

Los nativos son inquietos. Y por nativos me refiero a los hombres de los Estados Unidos, los hombres de verdad que valoran su masculinidad y que han decidido levantarse y reclamarla. Luego de años tratando de domar su testosterona para encajar en el molde feminizado de la hombría, según lo define la opinión pública, ya se hartaron. El hombre Marlboro (menos el palillo cancerígeno que lleva enganchado en la boca) está regresando y puedo asegurarte que de camino a la ciudad no se va a detener en Starbucks para tomarse un café helado con sabor a caramelo. Si alguna vez hubo evidencias de un gran resurgimiento para reclamar la hombría, se pudo encontrar en los anuncios televisivos que pusieron durante el torneo de fútbol mientras yo estaba haciendo un bosquejo de este libro.

Primero hubo un aviso comercial donde el comentarista deportivo daba un "reporte de daños" acerca de un hombre llamado Jason cuya novia le había "quitado la espina dorsal". Con el micrófono en la mano, Jim presenta se con estilo de locutor mientras Jason se ve obligado a ir de compras con su novia durante el juego. La primera escena muestra al pobre Jason parado en una tienda de ropa interior con un sostén rojo colgado sobre el hombre mientras contempla con una mirada catatónica a su novia que revisa en un segundo plano el perchero con las liquidaciones. El anuncio es de FLO-TV, lo que le permitiría a Jason ver el juego en su teléfono móvil. Listo, problema resuelto para el ejército de hombres emasculados que tuvieron la suerte de ver el torneo de fútbol en la sala de sus casas con sus amigos y una bandeja de alitas de pollo picantes. Me imagino que hubo un coro de "hurras" entre los televidentes cuando el comentarista cerró el aviso comercial diciendo: "Quítate esa falda, Jason."[1]

Y también el comercial de treinta segundos de la marca Dockers "Hombres sin pantalones" dirigido al estado de hombría emasculada al mostrar a un grupo de hombres infantiles que marchaban por un campo (sin pantalones) y cantando "yo no uso pantalones". Los interrumpía el mensaje: "Llamado a todos los hombres, es hora de ponerse los pantalones".

Jen Sey, vicepresidenta de mercadotecnia global de Dockers comentó: "Estamos haciendo un llamado humorístico a la hombría… la campaña celebra el resurgimiento del pantalón caqui, un producto cuya herencia está enraizada en lo militar, como una manera cotidiana en la que los hombres pueden transmitir su orgullo masculino". Ella añadió que el mensaje del anuncio es para que los hombres "se pongan los pantalones" tanto de manera literal como en sentido figurado.[2]

Pero tal vez el anuncio más misógino del grupo fue un comercial de la Dodge. Mostraba una serie de hombres que contemplaban los lentes de la cámara con una mirada vacía y carente de expresión mientras un narrador mencionaba la lista de indignidades masculinas (hecha por mujeres).

- Me levantaré y sacaré a pasear al perro a las 6:20 a.m.
- Voy a comer algo de fruta como parte de mi desayuno.
- Voy a afeitarme y después limpiaré el lavamanos.
- Voy a estar en el trabajo a las 8 a.m.
- Estaré sentado en reuniones de dos horas.
- Voy a decir que sí cuando quieras que te diga que sí.
- Me quedaré callado cuando no quieras que te diga que no.
- Voy a contestar tus llamadas y escuchar tu opinión sobre mis amigos.
- Voy a escuchar las opiniones de tus amigas sobre mis amigos.
- Voy a ser cortés con tu madre.
- Voy a bajar el asiento del inodoro.

- Voy a separar el reciclaje.
- Voy a llevar conmigo tu bálsamo de labios.
- Voy a ver contigo tus programas de vampiros.
- Me quitaré las medias antes de meterme en la cama.
- Voy a poner mi ropa interior en la cesta.

El tono del narrador comenzó con un aire de confianza tranquila pero al final de anuncio se vuelve pura ira y culmina diciendo: "Y por hacer estas cosas, voy a manejar el auto que quiero manejar. Charger, el hombre tiene la última palabra."[3]

Los anuncios estaban destinados a provocar una carcajada y, por supuesto, para vender productos. Pero no se deje engañar, algo mucho más profundo estaba pasando en los anuncios publicitarios de treinta segundos. A riesgo de alienar a su público femenino, los anunciantes reconocieron públicamente la crisis de identidad en relación con la hombría y la vergüenza que ha resultado. Los anunciantes invirtieron mucho dinero para identificarse con el hombre emasculado y, en cierto sentido, darle permiso para rebelarse. Frente a un estimado de 106 millones de espectadores, fue como si blandieran colectivamente puños cerrados (con manos masculinas sin uñas lustradas) frente al feminismo radical. Al abordar públicamente la crisis de identidad que enfrenta la hombría (de una manera humorística), dijeron en treinta segundos lo que muchos de nosotros hemos estado pensando durante años. Yo no pude evitar imaginar en mi mente a hombres de toda Norteamérica diciendo "¡Se acabó!; ¡Esto sí que no vamos a soportar más!"

En *Salvaje de corazón* el autor John Eldredge resume el desafío que nuestros hijos enfrentan: "La sociedad no logra definir claramente el rol del hombre. Luego de pasar los últimos treinta años redefiniendo la masculinidad como algo más sensible, seguro, manejable y, por así decirlo, femenino, ahora les reprochan por no ser hombres."[4] Primero de Crónicas 12:22 habla de los hombres de Isacar quienes eran "entendidos en los tiem-

Como madres seremos una de las voces más fuertes en las vidas de nuestros hijos.

pos, y que sabían lo que Israel debía hacer". Como madres somos una de las voces más fuertes en las vidas de nuestros hijos. Como los hombres de Isacar, nosotras también debemos entender los tiempos y determinar lo mejor cuando se trate de criar a nuestros hijos varones para que sean un modelo bíblico de hombría.

Yo no sé usted pero yo no soy de las que se sientan a un lado derrotadas echándole la culpa al estado actual de la hombría. Tengo la impresión de que usted se parece mucho a mí, de lo contrario, no estaría leyendo este libro. En lugar de encerrarnos pensando en como hemos llegado aquí, prefiero enfocar la conversación en adónde nos dirigimos ahora. Es decir, ¿cuáles son las soluciones? Repito, solo al comprender los tiempos podremos crear un plan eficaz y seguir adelante.

El desenfoque del androgenismo

Si vamos a criar a nuestros hijos para que sean los hombres que Dios diseñó, entonces primero tenemos que reconocer que aunque todos fuimos creados a imagen de Dios, existen diferencias muy claras en la composición de los hombres y las mujeres. Me imagino que aquí estoy diciendo algo obvio pero quiero asegurarme de que no nos volvamos insensibles a esta verdad. En un artículo excelente titulado: "Is America Still Making Men?" [¿Todavía los Estados Unidos fabrica hombres?], el autor Dennis Prager enumera factores clave que han contribuido a lo largo de los años a la falta de "hombres de verdad" en nuestra sociedad actual. En el número 3 de su lista está: "Los ideales de masculinidad y femineidad están prácticamente extinguidos". Prager dice también: "El feminismo, posiblemente el movimiento norteamericano más influyente del siglo veinte, le declaró la guerra a los conceptos de femineidad y masculinidad. Y para gran parte de la población fue algo triunfador. De hecho, gracias a la enseñanza feminista de que hombres y mujeres son en esencia iguales (observe, de paso, que nadie arguye que los animales machos y hembras sean iguales, solo los seres humanos), un sinnúmero de niños varones han sido criados como si fueran niñas".[5]

Mientras revisaba un catálogo de ventas que recibí por correo del fabricante de una línea popular de enseres para jóvenes, me encontré con un ejemplo extremo de las repercusiones del movimiento del androgenismo. Mis ojos se posaron en una imagen en particular que incluía varios jóvenes adolescentes como modelos. Una chica estaba sentada en una silla con colores neón. A poca distancia había un chico sonriendo y gesticulando como quien está involucrado en la conversación. Y junto a él otro chico. ¿O era una chica? El modelo tenía el cabello corto y usaba jeans muy ceñidos y una camisa ancha de botones.

Él/ella era larguirucho/a con rasgos faciales andróginos que no parecían abiertamente ni masculinos ni femeninos. Busqué algo que pudiera girar la balanza a un lado u otro, pero al final me di por vencida. Me sentí incómoda por la imagen de él/la modelo, pero tristemente no me sorprendió, dados los tiempos que vivimos.

Si usted busca la palabra *androginia* en el diccionario, pudiera encontrar la definición siguiente:

Cualidad de andrógino

- ser ambas cosas, hombre y mujer; hermafrodita.
- tener características tanto masculinas como femeninas.
- tener una identidad sexual ambigua.
- No tiene apariencia clara ni masculina ni femenina: la figura andrógina de muchas estrellas del rock.[6]

Considere el comentario que encontré en un foro en línea donde se debatía la tendencia andrógina de la moda: "¡El hermafrodismo está de moda, y ya era hora! La industria de la moda predijo de manera correcta la tendencia hace unos treinta años con el estilo unisex y siguió aprovechando la popularidad de la vestimenta andrógina al copiar los estilos de Boy George y Michael Jackson". ¡Cielos! Justo lo que quiere toda madre de un niño varón, criarlo para que imite la apariencia de Boy George y Michael Jackson. Una cosa es compartir la ropa con mi hija pero si uno de mis hijos invade mi armario y me pide prestado el delineador de ojos, no es nada agradable. Oh, hombre Marlboro, ¿dónde estás? ¡Tu regreso nunca será demasiado pronto!

Y al parecer yo no soy la única que se lamenta de esta ambigüedad andrógina en la moda masculina. Hay una reacción violenta entre los consumidores cada vez más creciente que dice: "Ya basta de ropas afeminadas para los hombres". Un artículo en Philly.com hablaba de una nueva tendencia más masculina en la moda para los hombres. "'La moda tuvo que cambiar su táctica y pasar de hablar a un segmento muy pequeño de la población masculina, los metrosexuales, y empezar a hablar al hombre común y corriente', dijo Marshal Cohen, un analista importante de la industria de la importante firma de investigación de mercados NPD."[7] El artículo continuaba definiendo el "metrosexual" como "un hombre cuyo sentido de estilo es ambiguo sexualmente. Es muy meticuloso en cuanto a su arreglo personal, desde depilarse la espalda hasta arreglarse las uñas. Tiene un gusto excelente para vestir, sin embargo es más relamido que apuesto."[8] Pero esto es lo irónico, según Cohen, la moda trató al metrosexual como "si fuera el protagonista de la carrera, cuando a lo más era solo el 11 por ciento de la población masculina."[9]

Esperando al margen para reemplazar el metrosexual y así satisfacer la reacción de los hombres emasculados que están hartos con el intento de la industria de la moda de hacer pasar como la norma al hombre con uñas arregladas, que toma café latte y usa camisetas polo de color rosado, es a lo que otro artículo se refirió como el "retrosexual" emergente. "Piensa en él como el anti-metrosexual, lo contrario de ese tipo que surgió en la década de 1990 con toda su gloria de arreglarse los pies, ponerse espuma en el cabello y usar jeans muy ceñidos. Se argumentó que ese hombre-niño estaba buscando a su niña interior. El retrosexual, sin embargo, quiere poner al hombre de vuelta en la masculinidad".[10] ¡Gloria, aleluya! El hombre Marlboro debe haber escuchado nuestro clamor colectivo en busca de ayuda.

Justin Sitron, un profesor clínico asistente de educación y sexualidad humana en la universidad Widener afirma que "la masculinidad ha estado en un período de exploración en los últimos 20 a 25 años"[11] Si vamos a criar a nuestros hijos varones para que sean hombres, debemos estar al tanto de las influencias externas que buscan socavar el diseño de Dios para nuestros hijos al redefinir la hombría y la masculinidad. Génesis 1:27 nos recuerda que Dios creó al hombre a su imagen. "Varón y hembra los creó". Los hombres y las mujeres son diferentes porque Dios los creó para que sean marcadamente diferentes. Nuestros hijos necesitan saber que está bien ser el *hombre* que Dios diseñó que fueran.

Boletín de calificaciones para los varones y el entorno académico

Cuando se trata de los varones y nuestro sistema de educación actual, algo no anda bien. Considere que aproximadamente el 60 por ciento de los estudiantes que están matriculados ahora en las universidades norteamericanas son mujeres.

Las chicas ahora superan a los varones en todos los grados desde el jardín de infantes hasta el último año de la secundaria.[12] Después de la universidad una de cada tres mujeres casadas ganará en su trabajo más que su esposo. Compare esto con una de cada diez mujeres que ganaban más que sus esposos en los años 1970. Entre los trabajadores con un poco más de veinte años, el 33 por ciento de las mujeres tiene un título universitario y solo el 26 por ciento de los hombres lo tiene.[13]

¿Por qué los varones se están quedando rezagados en la escuela? No siempre ha sido así. R. Albert Mohler Jr., teólogo y autor del libro *Culture Shift* [Cambio cultural], especula: "Muchos jóvenes consideran el ambiente educacional frustrante, restrictivo y demasiado feminizado".[14] Hace varias décadas hubo un clamor para canalizar más atención hacia los eslabones débiles para la educación de las niñas. Surgieron grupos de interés especial con diseños que tenían el objetivo de tratar y enfocarse en los patrones de aprendizaje de las niñas en los años anteriores a la universidad, con una meta muy alta de aumentar la matrícula femenina en los institutos y universidades. Se implementaron nuevos métodos (por ejemplo, la La ley para la igualdad educacional de la mujer) para tratar de satisfacer las necesidades educacionales de las chicas y ayudarles a triunfar en materias como matemática y ciencia que antes habían demostrado ser eslabones débiles para muchas.

Rick Johnson, autor del libro *That's My Son* [Ese es mi hijo], señala:

El clamor de guerra de estos grupos en el pasado ha sido que a los varones se les daba un tratamiento preferente en las escuelas lo cual iba en detrimento de las niñas. Eso quedó tipificado hace años cuando la investigadora Susan Bailey de Wellesley College escribió un informe que llegó a los titulares nacionales. Se titulaba "Cómo las escuelas escatiman con las niñas", el estudio relataba cómo los maestros prestaban más atención a los varones, desviaban a las chicas de las matemáticas y las ciencias, y hacían que las escuelas fueran más acogedoras para los varones que para las mujeres. Sin embargo, una revisión de los hechos en la actualidad muestran que los varones están en el extremo más débil de la diferencia entre los géneros cuando se trata de la educación".[15]

Nuestros hijos necesitan saber que está bien ser el *hombre* que Dios diseñó que fueran.

Considere el hecho de que en los Estados Unidos las chicas obtienen más premios académicos, tienen mejores calificaciones que los varones en lectura y escritura, y salen tan bien como ellos en matemática en cuatro, octavo y duodécimo grados, en el examen nacional del progreso educativo.[16] "Investigaciones cerebrales han mostrado diferencias en los cerebros masculino y femenino que pueden afectar la preferencia de estilos en el aprendizaje y la comunicación", señala Mary Ann Clark, profesora asociada de consejería educacional en la Universidad de Florida e investigadora principal de un estudio internacional que explora la diferencia entre los géneros en cuanto a la educación. "Se ha sugerido que el currículo de las escuelas públicas pudiera no estar enseñando 'a los varones' y que los estilos de enseñanza son más adecuados para las niñas".[17]

Michael Gurian, terapeuta familiar y autor de *The Minds of Boys* [La mente de los varones], ha capacitado a miles de maestros para manejar las diferencias entre niñas y niños mostrándoles encefalogramas para señalar las diferencias específicas entre los géneros. Y sugiere cómo ayudar a los chicos en el aula. "Ellos necesitan tocar las cosas y moverlas y necesitan mover sus cuerpos, y aprenderán mejor", señala. "El cerebro masculino se apaga muchas veces al día. Así que (los varones) se aburren fácilmente".[18] Clark asiente y afirma: "El uso del espacio físico y la necesidad de movimiento debieran tomarse en cuenta".[19]

Sin embargo, a pesar de descubrir que los varones necesitan espacio para moverse y así activar sus cerebros y aprender con más eficiencia, el tiempo de recreo se reduce cada vez más o se elimina por completo en las escuelas a lo largo y ancho del país. Peg Tyre, autor de *The Trouble with Boys* [El problema con los varones], señala: "En Atlanta, Georgia, y en todos los demás lugares, el recreo se ha convertido en una parte tan marginal del día escolar que los edificios de las escuelas primarias se están construyendo sin campos de juego. Tomar los resultados de los exámenes con tanta seriedad significa renunciar al recreo."[20] ¡Qué farsa! "Hace veinte años en la mayoría de las escuelas públicas el recreo se ofrecía cada día e incluso dos veces al día. En estos días, según el Ministerio de Educación de los Estados Unidos, el 39 por ciento de todos los alumnos de primer grado del país reciben 20 minutos o menos de recreo al día. El siete por ciento no recibe recreo ninguno. En cuarto grado, casi la mitad de los alumnos tiene menos de 20 minutos al día y el 9 por ciento no tiene recreo ninguno. La clase de educación física, que por lo general es un requisito del estado, solo se ofrece uno o dos días a la semana, por menos de 30 minutos".[21]

¿Qué debe hacer una madre?

Como madres de hijos varones, Dios nos ha confiado que cuidemos sus corazones y les animemos a convertirse en los hombres piadosos que Dios diseñó que fueran. Nuestra sociedad parece estar decidida a hacerle la guerra a las cosas que hacen que los niños se conviertan en hombres. No es de extrañar que los hombres hoy se sientan emasculados. A cada paso se ven obligados a domar su testosterona y reprimir su espíritu guerrero interior. Los varones no se desarrollan bien cuando los tratamos como niñas. En su libro *Wild Things*, los autores (y terapeutas) Steven James y David Thomas señalan: "En lugar de luchar contra los varones y su carácter intrínseco, debemos aprender a trabajar con la manera en fueron creados y encaminarlos hacia una visión noble de la masculinidad. Ayudar a los varones a crecer y madurar en hombres significa proporcionarles un ambiente que reconozca y apoye su masculinidad y no un ambiente que les exija ser diferentes".[22] Como madres debemos ser las defensoras de nuestros hijos y criarlos de una manera que celebre la hombría. Pongamos fin a esta tontería de pretender que los varones y las mujeres son iguales y por tanto, hay que tratarlos de la misma manera. Necesitamos permitir a nuestros hijos varones sean varones. Si seguimos obligándolos a cumplir con un sistema afeminado, perderemos una generación de hombres.

Nuestra sociedad parece estar decidida a hacerle la guerra a las cosas que hacen que los niños se conviertan en hombres.

Como sociedad, y por beneficio de nuestro futuro, tenemos que alentar la sed de aventura que tienen nuestros niños varones en lugar de neutralizarla. Las libertades que celebramos en nuestro país datan de una celebración de las cualidades que hacen de los niños hombres. Aceptémoslo, hombres neutralizados y andróginos como Boy George y Michael Jackson no durarían un día en las líneas de fuego. De hecho dudo que duraran una hora en las barracas, sobretodos si sacan un kit con maquillaje y productos para el cabello. Los hombres y las mujeres son diferentes porque Dios los creó claramente varón o mujer. Celebremos las diferencias en lugar de neutralizarlas bajo una política unisex supuestamente correcta.

CAPÍTULO DOS

El mundo maravilloso de los varones

La mayoría de las madres recuerda algún incidente más allá del anuncio "¡Es un varón!" que marcó su repentina inducción al Club de mamás de varones. En mi caso el día de iniciación comenzó con instrucciones especiales de parte de la enfermera en el hospital sobre cómo limpiar la zona del ombligo y, este, "aquello". Cuando traté de seguir sus instrucciones fui recompensada con un riego espontáneo y una risilla de la enfermera quien respondió al hecho diciendo: "¡Bienvenida al mundo maravilloso de los varones!" Fue casi como si mi nuevo hijo estuviera enviando una advertencia: "¡Prepárate! ¡Todavía no has visto nada!" Y sí, no había visto nada. No tenía la menor idea acerca del mundo de los varones hasta que me vi de lleno criando a mi propio paquetito de testosterona. Y no cambiaría por nada la experiencia de criar a mis dos hijos varones. De hecho ambos cautivaron mi corazón desde el primer día.

Nada se compara a criar niños varones. Hace poco yo estaba revisando una caja de recuerdos y me encontré una carta que me hizo mi hijo menor, Hayden, cuando estuvo en un campamento durante una semana. Tenía entonces nueve años y era su primera experiencia en un campamento. Me había suplicado ir a un campamento de verano junto con sus dos hermanos mayores, y por fin me ablandé y lo inscribí. Su hermano mayor y su hermana tenían dos años más cuando fueron a su primer campamento de verano, así que me debatía antes de entregar los documentos y me preguntaba si había tomado la decisión correcta. Cuando llegó el momento de dejarlo, yo apenas podía contener las lágrimas. ¡Parecía tan pequeñito junto a los demás campistas que eran mayores! Claro, él estaba emocionado y apenas podía esperar a que su padre y yo nos fuéramos. Yo le había puesto papel y sobres con la dirección de casa y estampillas en su maleta y le di instrucciones estrictas de escribir a casa al menos en días alternos (sí, ¡para apaciguar mis preocupaciones!).

Yo estaba muerta de preocupación durante la semana siguiente y revisaba el buzón todos los días con la esperanza de recibir una carta de él. Y esperé. Y esperé. Y esperé. Por fin, casi al final de la semana, recibí la única carta que recibiría de mi hijo en todos los años que fue a campamentos. Fíjese que esta singular carta de mi hijo la encontré en la caja de recuerdos que contenía un mar de cartas que mi hija me mandó durante los campamentos. En sus cartas ella me hacía descripciones detalladas de sus días y biografías completas de cada nueva amiga que conocía. Como extra a menudo me ponía calcomanías o dibujos para embellecer sus cartas. Sobra decir que la carta que Hayden me mandó del campamento no cumplió con el protocolo que antes estableció su hermana.

A continuación una copia de la carta tan esperada de Hayden:

Queridos padres:
Hoy almorzamos burritos con frijoles y Andrew y yo no podíamos dejar de soltar gases, así que hicimos un concurso en nuestra cabaña a la hora de dormir. Yo gané. El campamento es muy divertido.

Los quiero,
Hayden

Y eso es todo. Ningún detalle de paseos en canoa, montar a caballo o asar malvaviscos en una fogata. Solo hacer trompetillas. Y que conste, eso podría haberlo hecho en casa, gratis. El lado positivo fue que la carta puso fin a mi preocupación. Era evidente que el chiquillo no estaba llorando por las noches antes de dormir. *Pasando gases,* sí, pero llorando, no. Que conste que el día que lo recogimos yo corrí hacia él y me saludó con esto: "*¡Mami, me encanta el campamento! ¿Puedo venir dos semanas el año que* *viene?"* Cuando regresamos a casa abrí su maleta para empezar el maratón de lavado pos-campamento, y me horroricé al encontrarme un jabón sin usar junto a cinco de las siete mudas de ropa coordinadas ¡y **prolijamente dobladas**! Lo bueno fue que no tuve que lavar mucho.

Bienvenida al mundo de los varones donde la flatulencia luego de comer burritos se considera un deporte competitivo y la higiene, para consternación de la madre, es opcional. En este capítulo vamos a discutir algunos de los factores que hacen que nuestros hijos varones sean únicos (más allá de los asuntos con la higiene y la flatulencia). Además hablaremos del papel exclusivo que tenemos nosotras como madres cuando se trata de comunicarnos con nuestros hijos para establecer un fundamento adecuado para conversaciones futuras. En algún punto de nuestra lista debemos tener como prioridad una conversación que les anime en cuanto a tener una higiene adecuada, incluyendo instrucciones para levantar la tapa del inodoro y volverla a bajar. Porque todas sabemos que es necesario dominar esa habilidad en particular *antes* del matrimonio.

Preparar el camino para la comunicación abierta

Henry Ward Beecher, autor y clérigo, señaló en una ocasión: "El corazón de la madre es el aula del hijo". Los hijos ven a sus madres como un refugio seguro en las tormentas de la vida. Ya sea cuando se caen de la bicicleta a los cuatro años o si no los aceptan en el equipo de baloncesto a los 14, la mamá estará a su lado para darles aliento y apoyo. La autora Meg Meeker señala en su libro *Boys Should Be Boys:* "Cuando una madre extiende sus brazos a un hijo que ha fallado en los deportes, en la escuela o a nivel social, o a quien se le ha considerado que no es lo suficientemente inteligente, lo 'suficientemente hombre' o simplemente que no es lo suficientemente bueno, él empieza a entender de qué se trata el amor. En el momento en que una madre extiende su gracia, él comienza a entender que la bondad de ser hombre no es cuestión de su desempeño. No es cuestión de sus triunfos o sus fracasos. Es cuestión de poder aceptar el amor de parte de otra persona y luego devolver ese amor."[1]

El amor que un chico recibe de su madre marcará la pauta para sus relaciones futuras. Recuerdo que poco después de conocer a Keith, el hombre que se convertiría en mi esposo, les dije a mis dos amigas más íntimas: "Creo que conocí al hombre de mi vida". Una de las primeras preguntas que ellas me hicieron fue: ¿qué tipo de relación tiene con su madre? Si un chico ha amado y ha sido amado por su madre, tiene una ventaja cuando se trata de amar a otros. Aunque normalmente los padres les dan a los hijos varones un modelo de actos de servicio y se enfocan más en *hacer,* las madres por lo general modelan actos de amor y ayudan a sus hijos a encontrar valor en *ser.* Si un chico va a convertirse en un joven completo, necesitará en su vida una influencia primaria tanto masculina como femenina. Si su hijo carece de una influencia masculina primaria, dispóngase a buscar modelos masculinos de confianza y que sean positivos (En la conversación número 5 trataré este tema con mayor profundidad 5).

Los hijos ven a sus madres como un refugio seguro en las tormentas de la vida.

Además de modelar amor a nuestros hijos, también tenemos influencia principal cuando se trata de carácter y de desarrollo espiritual. E. W. Caswell (un compositor de himnos del siglo dieciocho) dijo: "La madre, más que ninguna otra persona, afecta la parte moral y espiritual del carácter de sus hijos. Ella es su compañera constante en los años de formación. El niño siempre está imitando y asimilando la naturaleza de la madre. Solo más adelante en la vida los hombres pueden mirar atrás y contemplar cómo la mano y el corazón de una madre moldeó sus vidas jóvenes y formó su destino". Su disposición a tomar este libro y leerlo dice mucho de su compromiso con el desarrollo espiritual y del carácter de su hijo(s).

Alguien que escuche

Para los varones puede ser difícil abrirse y conversar sobre sus sentimientos, emociones, temores y las cosas que más les importan. En el libro *Boys Should Be Boys*, la autora Meg Meeker señala: "Por lo general los chicos forman lazos emocionales más fuertes con sus madres durante los primeros años de la infancia y es importante no cortar esos lazos de manera antinatural o demasiado pronto. Las madres pueden animar a los hijos en aspectos donde los padres por lo general no pueden. Como están más en sintonía a nivel emocional que los padres, ellas pueden ver enseguida los sentimientos y motivaciones de sus hijos, y tratan de entenderlos y dirigirlos. Ya que muchos chicos se sienten más seguros emocionalmente con sus madres, se sienten menos inhibidos frente a ellas."[2]

A medida que su hijo comienza a separarse en los años de la adolescencia, pudiera resistirse más a hablar de sus sentimientos, pero eso no quiere decir que no los tenga. Busque indicios de estrés o señales de que pudiera necesitar procesar algo que pueda estar cargando su corazón. Tal vez usted pueda decir simplemente: "¿Todo anda bien? Recuerda que si necesitas hablar de algo, aquí estoy". Resista la tentación de tratar de obligarlo a abrirse o contar más de lo que él quiere en ese momento. El hecho de estar disponible le transmite la idea de que usted sí está interesada y a su disposición en caso de que él le necesite.

A medida que su hijo comienza a separarse en los años de la adolescencia, pudiera resistirse más a hablar de sus sentimientos, pero eso no quiere decir que no los tenga.

Según su hijo crezca y comience a interactuar con más chicas, usted puede convertirse en una gran fuente de sabiduría para él cuando se trate de desenmarañar la misteriosa mente femenina. Meeker señala: "Una madre puede enseñar a su hijo sobre las chicas, porque un hijo respeta a su madre incluso cuando le resulta difícil tolerar a las chicas en la escuela. Ella le enseña a tolerar a las chicas en diversas edades, a excusar sus conductas femeninas que a él le resultan absurdas, y a apreciar que las diferencias entre chicos y chicas no son buenas y malas, sino dos aspectos beneficiosos de la naturaleza humana."[3] He tenido muchas conversaciones con mis chicos con respecto a la mente y los motivos de la mujer promedio. Permítame resumírselos:

Escuela primaria: Hijo, es verdad. Las chicas realmente tienen gérmenes.

Escuela intermedia: Chicos, aléjense. Las chicas de su edad son malas. Y, posdata, tienen gérmenes.

Secundaria: Hijo, recuerda lo que te he dicho sobre las chicas: tienen gérmenes. Y casi la mitad de las que están activas sexualmente tienen gérmenes contagiosos llamados ETS y eso es mucho peor que los piojos u otros gérmenes.

Estoy bromeando, claro. Pero… en realidad, no lo estoy. Las madres tienen una posibilidad única de ayudar a sus hijos a entender mejor a las chicas, las conversaciones de las chicas y claro, el temido drama de las chicas. Lo irónico es que he conversado con mis hijos y les he descrito el tipo de chicas de las que deben mantenerse alejados, y luego me doy cuenta de que ¡acababa de describirme a mí misma! ¡Es curioso cómo cambia nuestra perspectiva de pronto cuando tenemos un hijo que pudiera ser preso del tipo de drama femenino que su propia madre repartía! Recuerdo a un pobre chico en sexto grado con quien rompí relaciones luego de tres horas porque una de mis amigas me dijo que yo le gustaba a otro chico (de quien yo estaba enamoradísima). Si una chica le hace esa broma a uno de mis hijos, aprendo artes marciales y busco su casa. Señor, por favor, ¡protege a mis hijos de chicas así! Claro, se hizo justicia, que conste, ¡porque el objeto de mi enamoramiento me botó en 24 horas!

Por último, si su hijo confía en usted o le cuenta algo confidencial, no se lo cuente a sus amigas. A los muchachos les cuesta mucho llenarse de valor y confianza para contar sus sentimientos y pensamientos más íntimos, y cuando lo hacen, es un honor y un privilegio ser la receptora. Si su hijo se entera de que usted contó algo (incluso como una petición de oración) que él le contó en privado, es muy probable que no vuelva a confiar en usted para asuntos de ese tipo. Y esto se cumple sobre todo cuando se trata de sus sentimientos con respecto a las chicas.

Soltar

Mi casa está en un vecindario que da a una zona verde muy grande. Vemos venados todo el año y siempre nos encanta la primavera cuando avisamos algunos cervatillos. En cierta primavera encontré un cervatillo bebé abandonado junto a mi cerca. Yo lo veía desde la ventana y empecé a preocuparme cuando pasó todo un día y seguía solo. Temía que no sobreviviera así que investigué un poquito en el Internet y descubrí que es perfectamente normal que una cierva abandone a su hijo en la primera semana. Si la madre se queda cerca, los depredadores pudieran percibir su olor y hacer daño al cervatillo. Es extraordinario, los cervatillos no tienen olor cuando nacen porque eso ayuda a protegerlos de los depredadores. Leí después que las madres sí regresan durante el día a alimentarlos e incluso los mueven de vez en cuando si les parece que el cervatillo pudiera correr peligro.

Una madre sabe cuándo ha llegado el momento de comenzar a separarse por el bien de su hijo.

Así como la madre del cervatillo, una madre sabe cuándo ha llegado el momento de comenzar a separarse por el bien de su hijo. En su libro *Teenage Guys*, el autor Steve Gerali comenta sobre este extraño movimiento:

> A medida que el chico comienza a separarse de su madre, existe un conflicto entre su gran necesidad de intimidad emocional (apego) y una necesidad igualmente fuerte de identidad (autonomía). Estas *batallas de apego* son un ejemplo de la necesidad de un adolescente y su renuencia a conectarse con su madre. Las madres toman conciencia de estas batallas de apego. Ella las reconoce de manera intuitiva y las siente en gran manera cuando ocurren. Esta intuición o instinto es una parte inherente, diseñada por Dios para ser madre de hijos varones. La mayoría de las madres, a menos que tengan un padecimiento compulsivo, entrenan sus hijos. La mayor lucha que ella enfrenta es saber cuándo y cómo soltarlo.[4]

¿Soy solo yo o esta última oración estuvo un poco difícil de leer? Tengo un nudo en la garganta solo de pensar en la lucha de *cuándo y cómo soltar.* Una madre sabe, muy dentro de su corazón, que cuando llegue el momento de que su hijo se vaya, se irá tanto *física* como *emocionalmente.* Con el tiempo pondrá su atención en otra mujer quien se convertirá en la receptora de su adoración. Claro que nuestros hijos seguirán queriéndonos, pero sus sentimientos no se manifestarán de la misma manera que los sentimientos de una hija hacia su madre. Nuestro papel es prepararlos para amar a otra, y mientras tanto, disfrutar cada minuto de la época tan breve en que somos la reina de sus corazones.

¡Estos chicos!

Por uno de esos giros inesperados, mientras escribía este capítulo que celebra la singularidad de los chicos, recibí una llamada de la secundaria privada a la que asiste mi hijo menor con respecto a un episodio de "conducta de muchachos". Eran como las nueve de la mañana, y me llamaban para informarme que mi hijo y otros chicos más del onceno grado aparecieron en la escuela vestidos con togas. Sí, con togas. Yo le aseguré que conversaría con Hayden cuando regresara a casa de la escuela y me aseguraría de que no sucediera otra vez. Su tono era desenfadado y me dijo la conocida frase "los chicos siempre serán chicos" antes de que colgáramos el teléfono. Cuando Hayden regresó a casa de la escuela le pregunté por qué a él y a sus amigos les pareció que sería aceptable ir vestidos con togas a la escuela ese viernes en particular. ¿Su respuesta? "Mami, los viernes es 'ropa más casual', y después de ponernos uniforme toda la semana, nos pareció que sería divertido". Así que ahí tiene. Al parecer Hayden y sus amigos leyeron más allá en el término "ropa más casual" que el director y los administradores de la escuela. Sí, los chicos siempre serán chicos, y me siento orgullosa de ser miembro de por vida del Club de mamás de chicos.

CAPÍTULO TRES

Hechos para la aventura y unos cuantos viajes a la sala de urgencias

Hace poco todos mis hijos estaban en casa de visita, y decidimos ver algunos videos caseros antiguos. En un video en particular Ryan (que tenía cinco años) había preparado una trampa para su hermano menor, Hayden (que tenía once meses) y estaba explicando a la cámara de video su "plan secreto" para engañar a su hermano y hacerle caer en la "trampa". La "trampa" era una caja de cartón vacía puesta de lado en la sala. De camino a la entrada de la trampa había una larga estela del cereal Cheerios (coincidentemente, la merienda favorita de Hayden).

Ryan le explicó a la cámara su plan detallado para atraer a su hermano a la trampa. En el video yo le preguntaba: "¿Qué vas a hacer si atrapas a tu hermano en la trampa?" Con la emoción de un niño en la mañana de Navidad, Ryan contestó: "Voy a cerrar la caja para que no pueda salir y así no tratará de agarrar mis Legos". Entonces me hizo señas para que filmara el gran momento. Por supuesto, Hayden cayó en la trampa, gateando (y comiendo) hasta entrar a la prisión de cartón, un grano de cereal tras otro. Una vez que Hayden entró en la caja, Ryan cerró las tapas de la caja y rápidamente puso una silla delante para impedir que su hermano se escapara. El video termina con Ryan haciendo un baile de victoria mientras que en el fondo se escuchan los gritos ahogados de Hayden. ¡La maravilla de los juegos creativos!

Es muy probable que usted pueda llenar un libro con relatos similares para documentar el sentido de aventura de su propio hijo. Dudo que haya que convencer a alguna madre de hijo varón que desde el nacimiento su hijo está hecho para la aventura. La meta de este capítulo es ayudar a las madres a encontrar un equilibrio razonable cuando se trata de proteger a sus hijos del peligro de una manera que no ahogue la necesidad de aventura que Dios les ha dado. En su libro *That's My Son,* el autor Rick Johnson señala: "Las madres, por su tendencia de cuidado y protección, a menudo sobreprotegen a sus hijos. Después de todo, una madre tiene la función de civilizar a un chico."[1] Él explica además que si a un chico le falta la influencia masculina en este aspecto, puede acabar sin aprender el enlace valioso entre correr riesgos y lograr éxitos en su vida. Es muy probable que esto explique el conflicto que ocurre comúnmente entre esposos y esposas con relación a las aventuras cuestionablemente "peligrosas" de sus hijos.

En mi libro *Your Boy,* describí una ocasión en que mis dos hijos me suplicaron que les dejara poner una tienda de campaña durante los meses del verano. Tenían 13 y 8 años en aquel momento, y yo cedí ante el estímulo de mi esposo. Una noche se convirtió en dos noches, dos noches en tres, y en breve mis hijos prácticamente mudaron sus habitaciones a la tienda de campaña. Luego de una noche de su aventura de campismo, entraron a la mañana siguiente y contaron emocionados que se les había olvidado cerrar la entrada a la tienda y cuando se despertaron encontraron a un mapache saqueando la comida que tenían acumulada. Yo casi pierdo los estribos, en mi mente había visiones de un enfrentamiento con mapaches que traía como consecuencias varios viajes a la sala de urgencias para ponerles vacunas contra la rabia, declaré que la acampada se terminaba. Mi esposo vetó mi prohibición e insistió en que ese tipo de aventura es lo que separa a los hombres de los niños. (Justo lo que yo pensaba. ¿Acaso 13 y 8 no caían en

Uno de nuestros mayores desafíos en la crianza de nuestros hijos varones es encontrar un equilibrio saludable cuando se trata de vigilar las aventuras que nuestros chicos buscarán.

la categoría de "niños"?) Hoy agradezco a Dios la intervención de mi esposo que dio luz verde a muchas de las aventuras de la niñez que yo de otro modo hubiera sofocado.

Para las madres, ojos que no ven, corazón que no siente

Uno de nuestros mayores desafíos en la crianza de nuestros hijos varones es encontrar un equilibrio saludable cuando se trata de vigilar las aventuras que nuestros chicos buscarán. Nuestra meta debiera ser protegerlos sin ahogar su necesidad innata de aventuras. En el libro *Wild Things*, los autores Stephen James y David Thomas señalan: "El cerebro masculino tiene más fluido vertebral lo que hace que los chicos sean más dados a lo físico que las chicas. A eso se añade el alto nivel de testosterona en el cerebro de un varón y es fácil ver que él está programado para ser más agresivo que las chicas y más arriesgados."[2]

John Eldridge añade: "Al criar a niños varones la receta de la diversión es bastante sencilla: añada a cualquier actividad un elemento de peligro, un poco de exploración y una pizca de destrucción y ya tiene un ganador".[3] Durante el proceso de escribir este capítulo mi hijo mayor, Ryan, describió una aventura reciente que implicaba cada elemento de la receta de Eldridge para la diversión. Yo le había pedido que me describiera una aventura memorable y "potencialmente peligrosa" que hubiera experimentado mientras estaba en la universidad para ver si era verdad la teoría de Eldridge. A cambio le prometí inmunidad por cualquier historia que me contara. No habría regaños ni sermones. En esencia, un pase gratis. Ryan aceptó la oferta y comenzó a contarme de una aventura que tuvieron él y uno de sus amigos. ¡Ojalá nunca le hubiera preguntado! Hasta el día de hoy me persigue la idea de los "y si" que pudieran haber ocurrido en la aventura que Ryan describió.

Para darle un poco de trasfondo, ambos chicos tienen buenos modales y asisten habitualmente a la iglesia los domingos en la mañana. No eran parte de una fraternidad ni de la multitud que se va de fiesta los fines de semana y que es típico en tantas universidades. Además, eran buenos alumnos que ya se graduaron, tienen un título en administración de empresas y otro en ingeniería. Una vez que Ryan quedó completamente convencido de mi oferta de inmunidad, empezó a contar con detalles la aventura que él y su amigo tuvieron el semestre anterior que implicaba deslizarse por una pared de un apartamento de dos plantas hasta llegar al suelo. Yo le hice la pregunta obvia que pasaría por la mente de cualquier madre: "¿Qué rayos se apoderó de ti para hacer algo tan tonto?" ¿Su respuesta? Prepárese porque pudiera darle un mejor entendimiento de la misteriosa mente masculina: "De algún modo salió a relucir y ambos reconocimos que siempre habíamos querido hacerlo". Trague en seco.

Con cierto orgullo en la voz, Ryan siguió describiendo cómo amarraron las sábanas de dos camas personales del apartamento (como nota al margen, dudo que alguna vez las lavaran). Anudaron las sábanas para hacer una cuerda de descenso improvisada y la sujetaron firmemente a un gavetero pesado. Recostaron el gavetero a la ventana, le dieron unos jalones a la cuerda para probarla, y luego uno por uno hizo su descenso al suelo. ¿Y ya mencioné que el "suelo" era una acera de concreto? El tipo de superficie en la que uno puede rajarse la cabeza al medio o, cuando menos, partirse una pierna o una costilla si la cuerda improvisada con sábanas no aguantaba. Como si los detalles no fueran suficientes para que mi pobre mente los absorbiera, él añadió: "Ah, y estaba lloviendo". Cuando se dio cuenta de que yo estaba a punto de la hiperventilación, él me aseguró con un tono confiado y muy práctico: "Mamá, Winston se especializó en ingeniería. Él sabía lo que hacía cuando amarró las sábanas al gavetero". Ah, está bien. Ahora me siento más tranquila… suspire.

En el libro *Boys Must Be Boys,* la autora Meg Meeker dice: "Muchos chicos adolescentes viven en lo que los psicólogos llaman una 'fábula personal.' Es la creencia de que pueden hacer cualquier cosa que quieran, tienen un sentido distorsionado de su propia fuerza."[4] Al parecer mi hijo y su amigo quedaron atrapados en la fábula de Rapunzel, sin la damisela en problemas, y claro, sin ninguna neurona. Meeker señala después: "Es muy importante que los jóvenes aprendan los límites de su fuerza. Es un desafío que se sienten obligados a confrontar, y la razón por la cual escalan montañas, manejan autos de carreras y practican lucha. Es cuestión de entender lo que tienen dentro y cuán lejos lo pueden llevar. Es cuando se dan contra una pared que la humildad comienza a aparecer."[5]

Es muy importante que los jóvenes aprendan los límites de su fuerza.

La naturaleza de una madre siempre será rescatar a su hijo de esos momentos en los que pueda chocar con una pared. O, en el caso de mi hijo, con una acera de concreto. A veces nuestros intentos tendrán éxito, mientras que en otras ocasiones puede que estemos a 800 milas en un estado feliz de ignorancia. Ah, y que conste, ignoré la oferta de inmunidad y terminé dándole a mi hijo un sermón severo, junto con una lista interminable de "y si". Como extra, busqué en Google la frase "chico que se cayó de la ventana de un segundo piso" y luego de di varios enlaces con relatos de la vida real de chicos que se partieron huesos luego de intentar algo similar. En resumidas cuentas, ¡probablemente lo dejé *con deseos* de saltar de la ventana de un segundo piso! Tristemente no faltaban historias, lo cual apoya más el hecho de que los chicos están hechos para la aventura. Rick Johnson señala: "Herirse físicamente, fallar, perseverar y triunfar (a pesar de las probabilidades abrumadoras) son factores clave en el crecimiento de un varón hacia la hombría."[6]

Al chico no se le puede quitar la naturaleza

Hace como un año empecé a correr. Varias veces por semana corro un trayecto de dos a tres millas en una calle principal que pasa por mi vecindario. Junto a la carretera principal hay innumerables ensenadas y calles sin salida junto con trampolines y aros de baloncesto en casi todas las entradas. Es un paraíso suburbano. Sin embargo, algo falta. Rara vez veo chicos jugando afuera durante mis carreras nocturnas. No importa si es verano o después de la escuela durante el curso, no aparecen. Sin embargo, paso corriendo junto a un parque cerrado que por lo general está lleno de niños en edad preescolar. En la entrada se alinean cochecitos y no puedo evitar sonreír cuando paso por ahí. Me encanta escuchar los conocidos sonidos del parque, columpios que chillan, la grava que se aplasta bajo los pies de un niño pequeño y las gentiles reprimendas de las madres para que "dejen de tirar la grava".

Mientras sigo corriendo por la calle principal, me asombran las calles sin salida vacías. ¿Dónde están los chicos de escuela primaria que debieran estar jugando a los escondidos o corriendo por los regadíos de un vecino a causa de un desafío? ¿O los chicos de escuela intermedia que debieran ir en bicicleta a casa de sus amigos o jugar un partido improvisado de baloncesto en la entrada de alguna casa? Me entristece que los chicos de hoy se están perdiendo jugar al aire libre. Con la cantidad de tarea cada vez mayor, en todos los grados, y el predominio de familias en las que ambos padres trabajan, y por tanto más chicos en los programas de cuidado extraescolar, las calles sin salida vacías se han convertido en la norma suburbana. A la lista de las posibles causas se añaden el atractivo de los videojuegos, la televisión por cable y las computadoras, y entonces comenzamos a entender el problema. Sencillamente tenemos las prioridades desorganizadas.

Cuando yo era niña vivíamos afuera. Durante el curso escolar nos apurábamos para terminar las tareas cada tarde y así podernos ir al final de la cuadra (un callejón sin salida) donde todos los chicos del barrio, de todas las edades, nos reuníamos para jugar balompié o algún otro juego con pelotas. Jugábamos sin parar hasta que nuestras madres salían al portal y nos gritaban que la cena estaba lista. Algunos teníamos perros que nos acompañaban fielmente y nos acompañaban en la caminata de vuelta a casa. Cuando yo cruzaba la puerta estaba agotada y llena de sudor. Durante el verano estábamos casi todo el tiempo afuera. La temperatura en Texas puede llegar a los cien grados o más, pero al parecer no nos dábamos cuenta. Si teníamos demasiado calor, nos metíamos en casa de alguien para refrescarnos, merendar algo, bebernos una jarra de Kool-Aid, y salir otra vez para seguir divirtiéndonos.

Los chicos varones sufren de manera especial cuando el juego al aire libre no es una parte común de su día.

Los chicos varones sufren de manera especial cuando el juego al aire libre no es una parte común de su día. Es triste que se están perdiendo la bendición de experimentar la aventura en su forma más pura: el tipo de aventura que nace al aire libre.

En *Wild at Heart* el autor John Eldridge señala: "En el relato de nuestros comienzos, el segundo capítulo de Génesis lo deja claro: El hombre nació para lo remoto, la parte no domesticada de la creación. Solo después es puesto en el Edén. Y desde entonces los chicos nunca se han sentido como en casa al estar bajo techo, los hombres han tenido un anhelo insaciable de explorar".[7] Al leer eso quizá te preguntes por qué tu hijo te suplica quedarse adentro para poder llegar al próximo nivel en su videojuego si, como dice Eldridge, "nació para lo remoto". Hablaremos más sobre la seducción de los videojuegos y otras cosas que pueden impedir que nuestros hijos se involucren en los juegos al aire libre en la conversación 2. Y lo que es más importante, hablaremos de cómo ayudarle a escoger vías más saludables para la aventura. (Es decir: levantarse, soltar los controles de los videojuegos y *¡salir para afuera!*)

En el libro *Boys Should Be Boys*, la autora y Dra. Meg Meeker señala: "Algunos eruditos dicen que el cerebro masculino está programado para disfrutar al aire libre, empezando por el hecho de que a nivel visual el movimiento atrae más los chicos que a las chicas, y esto incluye el movimiento que ocurre con la cacería en los bosques. Otro psicólogo atribuye la fascinación masculina por la naturaleza a un deseo o recuerdo de libertad, los varones ven la naturaleza como un estadio más grande donde pueden deambular y soñar despiertos, y los hombre sienten que al aire libre pueden expresar de manera segura sus tendencias agresivas en los deportes o en la cacería."[8]

Mientras trabajaba en este capítulo mi hijo mayor, Ryan, estaba en casa de visita. Intercambiaba mensajes de texto con uno de sus mejores amigos, Dustin, y comenzó a reírse a carcajadas. Cuando le pregunté de qué se reía tanto, me leyó la serie de mensajes de texto:

> **Dustin:** Una pregunta rápida, ¿tienes una escopeta de aire comprimido?
> **Ryan:** Me gusta el rumbo de la conversación. Creo que tenemos una en el garaje, ¿por qué me preguntas?
> **Dustin:** Quiero cazar, disparar y comer pájaros de la localidad. ¿Puedo contar contigo para que seas mi compañero?
> **Ryan:** Me decepciona que pensaras que tenías que preguntarme.

Ryan y Dustin se habrán graduado de la universidad, casado y comenzado sus nuevos trabajos a tiempo completo en el mundo laboral. Aunque son adultos confiables y que se mantienen a sí mismos, no veo que su sentido de aventura disminuya en lo absoluto. John Eldridge señala: "La aventura, con todo su peligro y fiereza, es un anhelo profundamente espiritual escrito en la mente del hombre. El corazón masculino necesita un lugar donde nada es prefabricado, modular, sin grasa, embolsado, franquicias, internet ni para el microondas. Donde no haya metas, ni teléfonos celulares ni reuniones de un comité. Donde haya espacio para el alma. Donde, por fin, la geografía a nuestro alrededor se corresponde con la geografía de nuestro corazón."[9]

Entiendo que algunas de ustedes que lean esto pudieran tener hijos que no buscan tanto la aventura y que les gusta ir a lo seguro. Tal vez son más tímidos que la mayoría de otros chicos y se inclinan a quedarse en una casa con aire acondicionado en lugar de salir a explorar con sus amigos para pescar. O tal vez tienen otros talentos que les llevan a tener un paso más sedentario. Los chicos están hechos para la aventura, pero no todos los chicos intentarán satisfacer su deseo de aventura de la misma manera. El rey David es un ejemplo maravilloso de un hombre bien equilibrado que unos días era un guerrero que peleaba batallas y otros días un gentil compositor e intérprete del arpa. Algunos chicos necesitan un empujoncito cuando se trata de encontrar su receta para la aventura. Estar sentado frente a un televisor y llegar al próximo nivel en su juego de video favorito no es una verdadera aventura y solo servirá como un sustituto falso y temporal.

Los chicos están hechos para la aventura, pero no todos los chicos intentarán satisfacer su deseo de aventura de la misma manera.

Si su hijo es del tipo más sedentario, propóngase exponerlo a algunas de las aventuras más sedentarias como acampar, salir de excursión, pescar, recolectar rocas, montar una canoa y otras actividades al aire libre. Otra manera de exponer a nuestros hijos a una amplia variedad de aventuras son organizaciones como los Boy Scouts o viajes misioneros de la iglesia. Los deportes competitivos pueden ser una vía para muchos chicos y les da un sentido de trabajo en equipo y de satisfacción que proviene de trabajar en pro de una meta. En un mundo lleno de distracciones ruidosas que reclaman su atención constante, es importante enseñar a nuestros hijos el valor de "desconectarse" de la tecnología y pasar tiempo al aire libre.

Un varón nunca supera su necesidad de aventura. Como madres necesitaremos desarrollar un equilibrio saludable cuando se trata de cultivar el sentido innato de aventura en nuestros hijos sin sobreprotegerlos en el proceso o, para el caso, no protegerlos en lo absoluto. Ya sea que usted involucre a su hijo en deportes competitivos, cacería, pesca, acampadas, excursionismo, exploraciones o cualquier otro tipo de actividades al aire libre, lo que más importa es que lo saque afuera y que lo haga a menudo. Las mejores aventuras para los varones ocurren al aire libre. Ocurren mientras duermen bajo un techo de estrellas titilantes. Suceden en el campamento de verano mientras asan malvaviscos en una fogata y el perfume que llevan es repelente. Ocurren en los campos deportivos cuando está en juego el trofeo del campeonato y su hijo juega en el equipo de su mejor amigo. Ocurren sobre montones de tierra donde las peleas de espadas con palos determinarán quién es el rey de la colina. Suceden en viajes con papá donde comerán lo que pesquen y regresarán a casa oliendo a campistas. Suceden en las calles del barrio en un juego improvisado de baloncesto o un juego de escondidos con linterna cuando se oculta el sol. Y sí, suceden incluso en tiendas de campaña puestas en el patio donde es posible que los mapaches con rabia se cuelen en busca de una merienda… y todo mientras sus hijos duermen profundamente a solo unos pasos.

CAPÍTULO CUATRO

Las mamás tipo helicóptero son peligrosas para la salud de un niño

Hace varios años puse en mi blog un antiguo video casero de mis hijos (entonces tenían cuatro y nueve años) deslizándose por las escaleras alfombradas de la casa sobre un enorme pedazo de cartón.

Algo así como el bebé que está más interesado en jugar con la caja en la mañana de Navidad que con el juguete brillante que está dentro, la idea del artículo era apoyar la teoría de que algunas de las mejores maneras del juego creativo no están en los pasillos de las tiendas de juguetes sino más bien frente a nuestras narices. Después de poner el video, muchas mamás comentaron que ellas también tenían muchas fotos y vídeos de sus hijos involucrados en diversiones buenas, limpias (¡y gratis!), para apoyar la teoría.

Con excepción de *una* mamá que me regañó virtualmente. Mencionó que ella también tiene hijos y luego empezó a criticarme por: (1) permitir que mis hijos se involucraran en una actividad "tan peligrosa" y (2) ser irresponsable al poner el video y por tanto "animar a otras madre a permitir que sus hijos se involucraran en actividades igualmente peligrosas". Cuando leí su comentario solo eché la cabeza hacia atrás y susurré "pobrecita" antes de apretar la tecla de borrar. En realidad *¡pobrecitos sus hijos!* Es hora de que esta mamá haga aterrizar su helicóptero antes de que termine con un par de niños de mamá de treinta años. De seguro que le daría un ataque si pongo en mi blog la historia de mi hijo universitario y su amigo que se colgaron de la ventana de un segundo piso en el apartamento de su amigo usando sábanas amarradas como cuerda improvisada. Estoy casi segura que el último capítulo podría haberla sacado de las casillas y le habría dejado con deseos de organizar una quema de libros a la antigua. Pero solo en una zona controlada para incendios con ropa de combustión lenta y en presencia de un jefe de bomberos certificado.

Una de las mayores amenazas para que la hombría retoñe en un chico y para su búsqueda de aventura es la "mamá tipo helicóptero" siempre presente y sobreprotectora. Como la pobre mamá que me regañó por dejar que mis hijos se deslizaran por las escaleras alfombradas, hay una creciente legión de madres "sobrevoladoras" que se han tragado la píldora en lo que respecta a exagerar en la crianza de los hijos. Algunas han envuelto a sus hijos en plástico con burbujas para protegerlos de los posibles peligros mientras que otras controlan hasta los detalles más insignificantes en la vida de sus hijos. Sin darse cuenta, muchas de estas madres consideran que están invirtiendo en la subsistencia futura de sus hijos cuando en realidad muchos de sus hijos carecen de las habilidades de supervivencia necesarias en el mundo real.

Considere la lista de conductas "sobrevoladoras" para ver si usted califica o no como mamá tipo helicóptero.

Usted pudiera ser una "mamá tipo helicóptero" si:

- Una y otra vez lleva el almuerzo/mochila/ropas del gimnasio, etc., cuando su hijo lo olvida en casa.
- Duda de quitar las ruedas de apoyo a la bicicleta de su hijo y está por entrar a a la escuela intermedia.
- Ayuda a manejar la agenda de su hijo que está en la escuela secundaria/intermedia y lleva cuenta de las fechas de entrega de trabajo o de exámenes. (Puntos extra si sabe las calificaciones que recibió en los últimos tres exámenes.)
- Hace que su hijo use desinfectante para las manos y que se enjabone antes/después de cada comida/merienda y que se bañe en este luego de jugar afuera.

- Hace que su hijo use ropa de combustión lenta para dormir después de los 10 años, en lugar de otras alternativas lógicas: (1) la ropa que se puso ese día o (2) su ropa interior.
- Realmente siguió los parámetros de esterilizar los chupetes/juguetes/teteras o biberones. (Excepción: le damos un pase gratis si él fue su primer hijo, después de eso es culpable.)
- Se sorprende diciendo cosas como: "Estamos inscritos para tomar el SAT este sábado" o "el año que viene vamos a jugar béisbol de verdad, no infantil", (palabra clave: "vamos").
- Se ha quedado levantada trabajando en un trabajo de la escuela/proyecto/etc., después de que su hijo se acostó para que pueda entregarlo a tiempo y no tener una penalidad por demora.
- Inscribió a su hijo en más de dos actividades extracurriculares en una temporada. (Y hasta dos puede ser demasiado, en dependencia del tipo de actividad y tiempo requeridos.)
- Ha contactado al maestro/entrenador de su hijo para conversar sobre una injusticia (como no tener tiempo de juego suficiente en el campo de juego o que no obtuviera una A, en lugar de que su hijo resuelva el problema por sí solo).

La verdad es que la mayoría de las mamás, y me incluyo, somos culpables en mayor o menor medida de caer en modo mamá tipo helicóptero de vez en cuando. La naturaleza de la madre es proteger a nuestros hijos de los peligros del mundo y buscar manera de ayudarles a salir adelante. Sin embargo, en realidad les hacemos más daño que bien a nuestros hijos y los "provocamos a ira" cuando somos sobreprotectoras (Colosenses 3:21). Como padres, la clave está en encontrar un equilibrio saludable entre ser "protectoras" sin convertirnos en "provocadoras".

La clave está en encontrar un equilibrio saludable entre ser "protectoras" sin convertirnos en "provocadoras".

Por favor tenga en cuenta que no estoy defendiendo una crianza irresponsable donde a los hijos se les permite montar una bicicleta sin casco, comer cantidades incontables de comida chatarra en la cena y vagar por las calles los fines de semana sin una hora fija para regresar a la casa. La mamá helicóptero se comporta de una manera extremista por naturaleza. Pueden ahogar la búsqueda de la aventura en los varones al calificar su espíritu aventurero como algo malo cuando, en realidad, Dios diseñó que fuera algo bueno. El sentido de aventura en un chico es un paso necesario en la trayectoria hacia la adultez.

Considere este extracto de un artículo de la revista *Time* que trata la tendencia a la sobreprotección (y la creciente repercusión negativa):

> La sobreprotección existió mucho antes de que la mamá de Douglas MacArthur, Pinky, se mudara con él a West Point en 1899 y ocupara un apartamento cerca de la universidad para poder vigilarlo con un telescopio y asegurarse de que estuviera estudiando. Pero en los años 1990 sucedió algo dramático, y la aguja sobrepasó la raya roja. De la paz y la prosperidad surgieron el temor y la ansiedad, el nivel de delitos bajó; sin embargo, los padres dejaron de permitir que los hijos salieran de su vista; el porcentaje de niños que caminaban o iban en bicicleta a la escuela disminuyó de 41% en 1969 a 13% en 2001. La muerte por accidentes disminuyó en más del 50% desde 1980; sin embargo, los padres hicieron presión para eliminar las estructuras de barras en los parques y de pronto los cochecitos de bebé necesitaban una etiqueta que dijera: "saque al niño antes de plegar el coche". El tiempo de juego libre entre los niños de 6 a 8 años disminuyó en un 25% de 1981 a 1997, y las tareas escolares aumentaron casi al doble. Las librerías ofrecían *Brain Foods for Kids: Over 100 Recipes to Boost Your Child's Intelligence* [Alimentos para el cerebro de los niños: Más de 100 recetas para aumentar la inteligencia de su hijo]. El estado de Georgia mandaba a cada recién nacido a casa con el CD *Build Your Baby's Brain Through the Power of Music* [Fomente la inteligencia de su bebé mediante el poder de la música], después de que los investigadores afirmaron haber descubierto que escuchar a Mozart podía aumentar de manera temporal el coeficiente de inteligencia en 9 puntos. Cuando la histeria llegó a la cima, las universidades estaban instalando las cámaras web *Hi, Mom!* en las áreas comunes, y empleadores como Ernst & Young crearon los "paquetes para padres" para que los nuevos empleados los entregaran a mamá y a papá ya que estaban involucrados en la negociación de salarios y prestaciones.[1]

Patricia Somers, de la Universidad de Texas en Austin, pasó más de un año estudiando las especies de padres tipo helicópteros y encontró que incluso existen abuelos tipo helicópteros quienes se presentan, con sus nietos de escuela primaria, a las sesiones informativas sobre la universidad destinadas a alumnos de onceno y duodécimo grados.[2]

En cuanto a la universidad, estuve en una reunión de padres con hijos en una orientación para la universidad, para nuevos alumnos, donde el consejero académico hizo una advertencia clara pero gentil a los padres: "No nos llamen, nosotros les llamaremos" (lo más probable es que no los llamaremos,así que no esperen junto al teléfono). ¡Ay-ay-ay! Entonces prosiguió con una lista de los abusos comunes por la sobreprotección de los padres durante el año escolar que incluyen la consulta popular: "Quiero saber las notas de mi hijo". O, "¿Cómo hace mi hijo para cambiar de especialidad?" Otra solicitud común es: "El compañero de cuarto de mi hijo no es una buena opción para él y *necesitamos* pedir un cambio a mitad de semestre." Con todo respeto, ¿Qué es esto que, "*necesitamos*"? ¿Está la mamá osa durmiendo en un nido en el mismo cuarto, o qué?

Si fuéramos a examinar la raíz de la sobreprotección es muy probable que la encontremos en una necesidad de tener control. Algunas madres tienen la tendencia a sobreproteger a sus hijos porque están buscando el control sobre los peligros (tanto reales como aparentes) que amenazan con dañar a sus hijos. Otras madres pueden obsesionarse con las tareas de sus hijos, los horarios de la escuela y todo el progreso académico en general para poder controlar su destino y así proporcionarles un futuro de felicidad. Creen, equivocadamente, que la fórmula: buenas notas = buenas universidades = éxito en el mundo real = felices para siempre. Sin embargo otras madres sobreprotegen cuando se trata de asuntos de mantener la imagen como estar en forma, vestirse de manera atractiva (o usar ropa de marca), tener los últimos aparatos o manejar un carro con onda.

Aunque a primera vista las mamás tipo helicóptero pudieran parecer tener en mente lo mejor para sus hijos, su gran necesidad de control puede clasificarse como una forma de crianza basada en el temor. Temor al peligro. Temor a que su hijo no encuentre éxito en el futuro (un término relativo). Y temor a que los compañeros de su hijo no le acepten si no luce o se desempeña de cierta manera. En pocas palabras, las mamás tipo helicóptero, como la mayoría de las mamás, se preocupan de ser las culpables si sus hijos "no salen bien" o no son aceptados.

Si usted carga montones de culpa por cosas tales como no revisar las tarjetas de ejercicios de matemática del hijo menor (¡culpable!) o por no pasar tanto tiempo leyéndole al hijo menor (otra vez, ¡culpable!) o incluso por no saber qué está dando su hijo en la clase de matemática en este momento (¡culpable de nuevo!), permítame animarle con un poquito de ironía: mi hijo menor sacó un perfecto 800 en la porción de matemática del SAT y fue el único de nuestros cuatro hijos que se ganó una beca académica para la universidad. Imagínese. Dado que él era el menor, yo estaba demasiado cansada para estar encima de él por sus notas, actividades, cosas para mejorar el currículo y otras maneras de garantizar el éxito, como hice con sus hermanos mayores. Si hubiera sabido lo que sé ahora, hubiera marcado la salida antes y cambiado mi helicóptero por un crucero en el Caribe.

De hecho, el artículo de *Time* al que hice referencia trata esta paradoja al darnos qué pensar cuando se trata de la tendencia a ser padres sobreprotectores: "Podemos preocuparnos y agobiarnos, ir de aquí para allá y proteger pero al final, lo que hagamos pudiera no importar tanto como lo que pensemos".[3] El artículo cita un descubrimiento hecho por los autores del popular libro *Freakonomics* quienes analizaron un estudio hecho por el Ministerio de Educación que dio seguimiento al progreso de los niños hasta el quinto grado. Descubrieron que variables como cuánto los padres les leen a los hijos y cuánta televisión estos ven, entre otras, al final marcan muy poca diferencia. En una entrevista con *USA Today*, los autores concluyeron: "Las visitas frecuentes a los museos parecieran no ser más productivas que los viajes al supermercado".[4] Sin dudas es algo para pensar para aquellos que hemos dedicado horas extra cuando se trata de manejar las vidas de nuestros hijos haciendo un gran esfuerzo para protegerlos y ayudarlos a "salir adelante" en el mundo. Parece ser que a fin de cuentas los costosos juguetes y las grabaciones para mejorar la fonética de nuestros hijos pudieran no hacerles entrar en la Universidad de Harvard. Pero dejarles rodar por las escaleras sobre las cajas de cartón en las que vinieron los juguetes pudiera funcionar.

Mi esposo y yo somos hijos primogénitos y participamos en deportes competitivos y disfrutamos mucho ver a nuestros hijos competir en su deporte favorito. Al madurar en la fe, con los años, he aprendido a controlarme cuando me pongo a hacer un énfasis enfermizo en los esfuerzos deportivos de mis propios hijos. Mi hijo menor es un excelente atleta que sobresale en casi todos los deportes que juega. Después de terminar una temporada de fútbol en su tercer año de secundaria, le faltaban pocos días para presentarse a prueba para el equipo de baloncesto de su escuela. Él es un basquetbolista sobresaliente y el entrenador del equipo habló con él y le animó a que hiciera las pruebas para entrar al equipo. Mi esposo y yo esperábamos con ansia verle jugar en otra temporada de baloncesto cuando de repente, en la semana de las pruebas, él anunció que quería jugar en una liga recreativa de la ciudad. En lugar de jugar en el equipo de competencias jugaría en un equipo que se llamaba los Boss Hoggz junto con algunos de sus amigos.

Por supuesto, esa liga no es nada competitiva en comparación con la de la escuela, así que mi esposo y yo nos quedamos pasmados cuando nuestro hijo se nos acercó y nos dijo que quería unirse a los Boss Hoggz. Si hubiera sido nuestro primer hijo (quien, por ser el primer hijo de dos padres primogénitos, probablemente necesitará un poco de consejería para revertir el daño de una crianza tipo helicóptero furtivo), es muy probablemente que no lo hubiéramos aceptado y le hubiéramos obligado a jugar para el equipo de la escuela. En el caso de nuestro hijo menor, controlamos nuestros deseos y razonamos (1) ya juega fútbol y practica atletismo en la escuela. (2) Tiene derecho a un poco de diversión. (3) La dará tiempo extra para enfocarse en las cosas espirituales como asistir al estudio bíblico del grupo de jóvenes los miércoles. Y (4) a la luz de la eternidad, ¿en realidad qué importa?

Uno de los mejores recuerdos de la escuela secundaria de Hayden será jugando para los Boss Hoggz. Estos chicos se divirtieron mucho. Tenían camisetas y mochilas hechas con el logotipo del equipo y los llevaban con orgullo a la escuela. ¡A veces había más fans en sus juegos que en los juegos del equipo de baloncesto de su escuela! Se presentaron vestidos con la camiseta requerida, pero se pusieron unos shorts detestables y calcetines negros. Durante los juegos se aullaban y gritaban unos a otros e incluso hacían volteretas cuando un compañero del equipo anotaba. Keith y yo disfrutamos cada minuto de ver a estos chicos jugar, pero lo más importante fue que nos encantó ver a nuestro hijo disfrutar en el proceso. Y por si fuera poco, ¡ganaron el primer lugar en la liga de recreación!

Para desarrollar una masculinidad saludable, los chicos intentarán separarse de sus madres en diversas etapas de la trayectoria hacia la madurez.

¡Mamá tipo helicóptero al rescate!

Para desarrollar una masculinidad saludable, los chicos intentarán separarse de sus madres en diversas etapas de la trayectoria hacia la madurez. Esto es algo natural que si se ahoga puede inhibir su búsqueda para convertirse en hombres. Las mamás que se aferran mucho a sus hijos, o peor aún, vienen a rescatarlos cada vez que enfrentan consecuencias por errores o acciones irresponsables, engendrarán un sentido de dependencia prolongada en sus hijos. Y si alguna vez hubo una mamá que venía al rescate, esa es la mamá tipo helicóptero. Usted la ha visto antes. Es la que entra a toda velocidad al estacionamiento de la escuela, entra corriendo a la escuela, a pasos agigantados, mientras entrega el almuerzo de Juanito en la oficina. Otra vez, por tercera vez este mes, con una nota de cariño en la servilleta de Juanito porque eso es lo que hacen las mamás tipo helicóptero. Rescatan a sus hijos de las consecuencias negativas que son desagradables.

El artículo de la revista *Time* que señalé anteriormente describía a la directora de una escuela primaria en Kansas que estaba tan cansada de que los padres rescataran a sus hijos que estableció una política de "no recate". Su límite llegó cuando se dio cuenta de que la mesa de la recepción cada día estaba llena de bolsas con almuerzos y cuadernos olvidados, todos traídos por los padres. Tragué en seco. Yo era culpable de eso. Hice el truco de la madre al rescate más veces de las que me avergüenzo de admitir. Mi cambio llegó finalmente en mi tercer viaje durante una misma semana a la escuela secundaria local. Esta vez iba a entregar una tarea que mi hijo dejó en casa cuando de repente me di cuenta de que tenía mucho más valor permitir que sufriera las consecuencias en lugar de rescatarlo una vez más y reforzar el patrón de irresponsabilidad.

En el libro *That's My Son*, el autor Rick Johnson advierte:

> Al correr demasiado rápido para rescatar a sus hijos cuando las cosas se ponen difíciles, algunas madres están enseñando a sus hijos que la manera de salir de los tiempos difíciles es buscar a alguien que los salve en lugar de rendir cuentas a la autoridad y hacerle frente a la situación. Esto puede establecer patrones para toda la vida de los muchachos. Un chico que evita rendir cuentas se convierte en un hombre que no responde a nadie, una receta para el desastre.[5]

Cuando rescatamos a nuestros hijos de las consecuencias de sus acciones irresponsables y errores, en realidad obstaculizamos su progreso en el camino hacia la adultez. Déjeme decírselo de manera más aleccionadora: Cuando rescatamos a nuestros hijos de las consecuencias, impedimos que se conviertan en hombres y alentamos a que se comporten como niñitos de mamá indefinidamente. Parte de convertirse en un hombre es aprender a aceptar la responsabilidad por las acciones irresponsables y los errores, aprender de las experiencias, y corregir los comportamientos antes de que se conviertan en un hábito.

No estoy sugiriendo que tengamos una política de cero tolerancia ante los errores y dirijamos nuestros hogares como si fueran un campo militar. Todo el mundo comete errores y todos hemos necesitado que nos rescaten alguna que otra vez.

Cuando rescatamos a nuestros hijos de las consecuencias de sus acciones irresponsables y errores, en realidad obstaculizamos su progreso en el camino hacia la adultez.

Recuerdo una tarea que mi hijo no pudo llevar a la escuela en su penúltimo año de escuela secundaria. Su promedio general estaba justo en el límite de lo que necesitaba con el fin de calificar para becas académicas universitarias. Una rebaja de diez puntos en la nota, por una tarea tardía puede a su vez servir como una especie de castigo para mi esposo y para mí si esto significa la pérdida de oportunidades en forma de becas. Hice una excepción, pero le cobré a mi hijo por el tiempo y el gasto de gasolina. Además, lo puse a trabajar lavando los platos cuando llegó a casa para que no se escapara sin consecuencias.

Si vamos a ayudar a que nuestros hijos se conviertan en hombres, debemos estar dispuestos a emplear algunas tácticas de amor-duro en la crianza de los hijos a lo largo el camino. No les hacemos ningún favor cuando nos apresuramos a rescatarlos una y otra vez y les permitimos escapar sin consecuencias. Las madres que establecen este patrón estarán rescatando a sus hijos durante muchos años en el futuro. Una amiga me contó recientemente acerca de una madre de su iglesia que envió un correo electrónico a toda la iglesia solicitando trabajo para su hijo adulto, que estaba en los treinta. Mi amiga estaba horrorizada, y así debería ser.

Además, la madre adjuntó el currículo de su hijo y dio su propio correo electrónico como contacto, indicando que le pasaría cualquier tipo de información a él ya que *vivía en su casa*.

Esta señora no es una madre; ¡es una asistente personal sin sueldo! Es hora de que la mamá suelte las amarras y deje que su hijo adulto crezca y se convierta en un hombre de verdad. Está claro que esta no es la primera vez que esta mamá ha rescatado a su hijo. Probablemente todo empezó con un almuerzo que se quedó en casa, luego las ropas del gimnasio, algunos proyectos escolares, otro par de almuerzos, y la lista continúa. Resista la urgencia de rescatar a su hijo de las consecuencias desagradables. Si no lo hace, puede que se sorprenda trabajando como asistente a tiempo completo durante décadas, sin sueldo, mientras que su hijo acumula tiempo extra en el sofá de su sala, con un controlador de juegos en la mano, incluyendo las bebidas energéticas y alas de pollo. A costa suya.

Si vamos a ayudar a que nuestros hijos se conviertan en hombres, debemos estar dispuestos a emplear algunas tácticas de amor-duro en la crianza de los hijos a lo largo el camino.

CONVERSACIÓN NÚMERO 2

Lo que usted no conquiste puede convertirse en su amo

CAPÍTULO CINCO

Criar a un hombre sabio

Vamos a hacer un juego de asociación de palabras. Cuando yo menciono un nombre, ¿con qué lo relaciona usted en su mente? Veamos: El golfista Tiger Woods?; Ted Haggard, ex pastor de una mega iglesia?; Mark Sanford, ex gobernador de Carolina del Sur?; Elliot Spitzer, ex gobernador de Nueva York? O ¿qué tal, Mel Gibson, actor de Hollywood y productor de la película *La pasión de Cristo*?

Puse los nombres anteriores en el buscador de Google. Cuando lo hice, automáticamente generó un menú desplegable que contenía las frases más buscadas en asociación con el nombre. Estas son las frases más comunes que salieron junto a cada nombre en particular:

- **Tiger Woods:** amante, aventura amorosa, adicto al sexo, escándalo
- **Ted Haggard:** arrestado, acompañante masculino, escándalo, homosexual, sanado
- **Mark Sanford:** amante, aventura amorosa, escándalo
- **Elliot Spitzer:** citas amorosas telefónicas, escándalo, amante, prostituta,
- **Mel Gibson:** vociferar, escándalo, racista

Aunque cada uno de estos hombres ha tenido logros notable durante su vida, es triste que ahora a cada uno lo defina su caída pública. Sus logros pasados han quedado opacados y reemplazados por una reputación dañada. Algunas de ustedes pudieran preguntarse: *¿y eso qué tiene que ver con mi hijo?* La verdad es que lo les pasó a estos hombres puede pasarle a cualquier de nuestros hijos. Los escándalos asociados con los hombres que se mencionaron anteriormente no son la culpa suprema de sus caídas. Sí, claro, los escándalos provocaron su *caída pública,* pero la *verdadera caída* de estos hombres comenzó hace mucho, en algún lugar recóndito de sus mentes y sus corazones.

No hay que ser un atleta profesional, un político ni un líder carismático de la iglesia para sufrir una caída.

En algún momento a lo largo del camino cada uno de estos hombres enfrentó una tentación y al final sucumbieron. No una vez ni dos sino una y otra vez. Lo que comenzó como una duda al estar en la encrucijada de la tentación se convirtió en algo natural. Al final la repetición del pecado dio lugar a un hábito. Estoy segura de que cada uno de ellos sabía que lo que hacían estaba mal a un nivel muy básico, pero como el adicto a las drogas que busca el próximo éxtasis, decidieron arriesgarlo todo. Al final lo perderían casi todo. Sus acciones provocarían daños enormes a sí mismos, sus familias y sus reputaciones. Cambiaría el curso de sus vidas para siempre. Apuesto a que si pudieran regresar al punto de partida, cuando por primera vez estuvieron en la encrucijada de la tentación, apretarían bien los frenos y volverían a considerar su decisión. Lo que no conquistaron en la encrucijada al final se convirtió en el amo que los dominaba.

No hay que ser un atleta profesional, un político ni un líder carismático de la iglesia para sufrir una caída. Lo más probable es que todos podamos pensar en posibles ejemplos de hombres (y mujeres) que han sido dominados por pecados que, a cambio, han dejado sus vidas y relaciones en el caos. Tengo un familiar cercano a quien lo dominó una adicción al alcohol que casi le cuesta su esposa, un hijo y el trabajo. De hecho perdió dos décadas de felicidad… y todo por el contenido de una botella de vodka. Otra pareja que conozco ha sufrido el dolor de un hijo tan adicto a la heroína que les robó para comprar drogas, entró y salió de la cárcel, e inclusive vivió en las calles por un tiempo. Cada vez que sonaba el timbre de la puerta o el teléfono pensaban que sería alguien para avisarles de la muerte de su hijo. Tengo muchas amigas que se han quedado sorprendidas al descubrir las aventuras amorosas de sus esposos. Algunos de los matrimonios sobrevivieron, otros no. Tengo otra amiga que recibió una llamada en medio de la noche, de parte de su esposo, maestro de la escuela dominical, quien estaba en un viaje de negocios. Lo arrestaron por ejercer la prostitución y lo obligaron a llamarla para que ella le buscara representación legal. El mundo de esta mujer de desmoronó en cuestión de segundos. Al tener cargos criminales y una cita en la corte, él no tuvo más opción que hablar claro con su esposa acerca de su doble vida. Tristemente he tenido demasiadas amigas que han experimentado las secuelas de esposos o hijos dominados por una adicción a la pornografía.

La esclavitud al pecado siempre produce daños colaterales. Pregúntele a Tammy, quien contestó la pregunta de una encuesta que hice en mi blog donde pedía a las madres que hablaran de sus preocupaciones principales cuando se trata de criar hijos. Ella dice: "Mi esposo de quince años, con una hija de nueve y un varón de seis, decidió un día que abandonaría a su familia y se casaría con una mujer 13 años más joven que yo. A los nueve meses de marcharse, revertió su vasectomía y se casó de nuevo. En el primer año de su matrimonio tuvo otro hijo, un varón. En más de cuatro años casi no ha tenido interacción con nuestros hijos. Mi pregunta/preocupación es: ¿cómo le enseño a mi hijo a ser sano en lo moral cuando ha sido expuesto a una infidelidad tan evidente?"

La esclavitud al pecado siempre produce daños colaterales.

Entiendo que muchas de ustedes son como Tammy, llevando solas la tarea de criar a sus hijos para que sean hombres piadosos. Por favor, no se desanimen ni pierdan la esperanza. Sus esfuerzos marcarán la diferencia. La esclavitud al pecado siempre produce daños colaterales. Al exponer a sus hijos a las verdades de Dios la esperanza está en que al final reconozcan que la verdadera libertad solo puede encontrarse en Cristo.

Una caída no se convierte en una caída oficial cuando alguien deja a su esposa, o le sorprenden viendo pornografía o lo arrestan por defalco. Una caída comienza en el momento que una persona queda esclavizada. De hecho, muchos de los que están experimentando una caída nunca serán sorprendidos ni descubiertos. El motivo por el que he dedicado toda una conversación a los peligros de la esclavitud es porque muchos de estos hombres, si se les desafía a buscar el origen de su caída (el momento en que se encontraron en el cruce de caminos), es muy probable que el punto de partida haya sido en los años de escuela intermedia, secundaria o de la universidad. Aunque no podemos controlar las elecciones de nuestros hijos cuando estén en una encrucijada tentadora, podemos educarlos en cuanto a la repercusión que puede resultar al estar dominados por el pecado.

En este capítulo vamos a tratar diversos factores externos que si se practican pueden ayudar a proteger a nuestros hijos de la esclavitud a ciertos pecados. En el próximo capítulo examinaremos el tema del dominio desde una perspectiva más interna. Sobre todo le daré una fórmula fácil de recordar para transmitir a sus hijos que les ayudará a practicar el dominio propio cuando enfrenten una situación tentadora. El capítulo siete tratará específicamente con el tema de la pornografía. Es triste que muchos chicos se ven expuestos a la pornografía desde una edad temprana lo cual los pone en un riesgo mayor de quedar dominados por esta. Por lo tanto me pareció necesario dedicar todo un capítulo al tema de la pornografía y sobre todo, pasos que podemos dar para equipar a nuestros hijos para que tomen decisiones sabias y santas cuando se vean expuestos a la tentación.

Por último, si usted tiene hijos más pequeños y tal vez se pregunta si esta conversación es relevante en la etapa de crianza en que se encuentra, permítame animarle a seguir leyendo. Tal vez haya escuchado el refrán que dice: "El mejor momento para sembrar un árbol fue hace diez años. El segundo mejor momento es ahora". Gran parte de lo que vamos a tratar es más eficaz si se presenta y se implementa en los primeros años. Es decir, usted se adelanta al problema. En el momento en que su hijo muestre un deseo impulsivo de ir tras algo que no es bueno para él es el momento ideal para aprender algunos principios básicos y piadosos sobre el dominio propio. Además es un beneficio adicional si la información que trataremos en esta conversación está en su radar antes de que su hijo se involucre en la batalla. En cierto sentido usted tendrá la posibilidad de entrenar a su hijo en cómo usar ciertas armas poderosas antes de que la batalla siquiera comience. Eso sin decir que soy una gran fanática de tomar medidas preventivas al principio y no reaccionar ante la repercusión al final.

Como mamás tenemos en esencia dos líneas de defensa cuando se trata de entrenar a nuestros hijos para que tomen decisiones sabias y santas (además de la oración, por supuesto):

1. Tratar los factores externos que mejor pueden preparar a nuestros hijos para que tomen decisiones santas (el tema de este capítulo).
2. Tratar los *factores internos* que pueden preparar mejor a nuestros hijos para que tomen decisiones santas (el tema del próximo capítulo).

Al analizar los factores externos que pueden preparar mejor a nuestros hijos para tomar decisiones santas, quiero enfocarme en tres factores principales: El factor de los padres, el factor de los amigos y el factor Dios. Como madre dos hijos adultos (que ya se fueron del nido), puedo hablar de primera mano de los beneficios de cada factor cuando se trata de construir el cimiento de un carácter santo en sus vidas. Cuando estos tres factores se implementan juntos, la probabilidad de que el pecado los domine se reduce en gran manera.

El factor de los padres

Los padres involucrados y dedicados por lo general crían hijos más felices y saludables. De hecho los descubrimientos siguientes fueron detallados en un artículo que se publicó en el sitio de USAToday.com y que llevó por título: "Teens Do Better with Parents Who Set Limits" [A los adolescentes les va mejor con padres que ponen límites].[1]

- Los adolescentes que tenían una hora de dormir a las 10:00 p.m. o antes, establecida por los padres, dormían más y eran menos propensos a estar deprimidos o considerar el suicidio que aquellos a quienes se les permitían quedarse despiertos hasta la media noche.
- Los choferes adolescentes cuyos padres pusieron reglas y las hicieron cumplir eran más dados a usar el cinturón y menos propensos a manejar a exceso de velocidad, tener accidentes, manejar ebrios o usar los teléfonos celulares mientras manejan.

- Los adolescentes cuyos padres establecen reglas fuman menos, se demoran en tener relaciones sexuales y se desempeñan mejor en la escuela.

Criar hijos es una tarea ardua y se necesita mucho tiempo y energía. Se necesita tiempo para instruir y preparar a un hijo. Se necesita tiempo para poner límites; se necesita tiempo para mantener los límites; y se necesita tiempo para hacer cumplir los límites cuando se sobrepasan.

Incluso si usted es una madre involucrada y atenta, todavía tendrá que luchar con los padres de los amigos de su hijo que no lo son. Hace unos años mi hijo menor asistía a una escuela secundaria nueva luego de estar en una escuela privada durante los años anteriores. Pasó de un ambiente donde nosotros conocíamos a sus amigos y a los padres de sus amigos a un ambiente donde conocíamos muy poco (o casi nada) de sus nuevos amigos. Él siempre ha hecho amigos con facilidad y en pocas semanas lo invitaron a ver un juego de fútbol universitario "con un grupo de muchachos" en la casa de un amigo nuevo (chicos y chicas). Después del juego a los chicos se les invitó a pasar la noche. Como soy una madre involucrada, llamé de antemano para agradecer a los padres por la fiesta y básicamente asegurarme de que estarían allí todo el tiempo para supervisar el evento. Lamentablemente la llamada no fue bien recibida. Comencé por agradecer al papá la invitación que mi hijo recibió y luego dije: "Solo quiero asegurarme de que usted va a estar presente para supervisar ya que parece que todo el grupo de noveno grado va a estar presente". En ese momento su tono cambió y se volvió cortante y rudo. "Bueno, no puedo prometerle que vamos a estar aquí todo el tiempo, pero mi hijo mayor sí y él ya está en la universidad". ¡Qué bien! Además tuvo la amabilidad de ofrecerme un consejo sobre la crianza de los hijos antes de colgar. "Mire, uno no puede estar vigilando a los muchachos a toda hora. Hay que dejar que los chicos sean chicos". Lo siento caballero, pero si dejar "que los chicos sean chicos" significa dejar a un montón de chicos y chicas de noveno grado solos en su casa para que se involucren en conductas típicas de chicos de esas edad, renuncio a la invitación a la fiesta. Tal vez la parte más perturbadora de la llamada fue al final cuando él reconoció que yo lo había tomado por sorpresa porque nunca había recibido una llamada de un padre o madre "para chequear" antes de una reunión.

Incluso si usted es una madre involucrada y atenta, todavía tendrá que luchar con los padres de los amigos de su hijo que no lo son.

La verdad es que no podemos proteger a nuestros hijos las 24 horas del día para que no tomen decisiones tontas, pero *sí* podemos poner límites y reglas que les hagan más difícil tomar dichas decisiones. Y sin dudas podemos limitar que se expongan a situaciones en las que otros padres contribuyen a la búsqueda de tonterías al no supervisar los muchachos que están bajo su cuidado. Es muy valioso ayudar a su hijo a encontrar amigos que tengan padres con ideas similares. Esto no quiere decir que usted debe prohibir a su hijo compartir con chicos que no tengan padres involucrados y cuidadosos, pero sí necesita encontrar un equilibrio protector.

El factor de los amigos

El que anda con sabios, sabio será; Mas el que se junta con necios será quebrantado. (Proverbios 13:20)

Hace varios meses una amiga quedó totalmente sorprendida cuando descubrió que su buena hija cristiana había estado escapándose de la casa para fumar marihuana con sus amigas. Ella comentó: "No entiendo cómo pudo pasar esto. Cada día oro para que Dios proteja a mis hijos y los ayude a tomar decisiones sabias". Mi amiga es una buena madre y una fiel guerrera de oración pero no consideró algunos factores externos importantes, como por ejemplo, prestar un poco más de atención al grupo de amigos de su hija y limitar el contacto de su hija con algunos chicos que tenían una conocida reputación de fiesteros.

El tipo de amigos que su hijo escoja o hacia los cuales se inclina dice mucho de la identidad que está desarrollando. Es difícil decir si "la identidad determina el grupo de amigos" o si "el grupo de amigos determina la identidad", pero el punto se puede debatir. De cualquier manera, cuando su hijo se adapta a un grupo de amigos este puede producir un resultado positivo o negativo en su conducta.

Benjamin Franklin dijo una vez: "El que se acuesta con perros, se levantará con pulgas". Si alguna vez usted ha tenido que curar a un perro infectado de pulgas, estará de acuerdo en que es mucho mejor tomar medidas preventivas antes que tratar el problema al final.

Cuando se trata de escoger un grupo de amigos positivos, una distinción que hemos hecho en nuestro hogar es la diferencia entre *amigos de días entre semana* y *amigos de fin de semana*. Un amigo de un día entre semana pudiera ser alguien con quien mi hijo se encuentra en la escuela o en una actividad extraescolar. La amistad se fomenta sobre todo durante el horario escolar o durante el tiempo que pasan en una actividad en común. Cualquier tiempo que se pase después de la escuela o los fines de semana será en nuestra casa, en un ambiente supervisado. Un amigo de fin de semana pudiera ser alguien que tiene creencias y valores semejantes a los de mi hijo. Yo no dudaría en dejar que este chico venga a mi casa los fines de semana o en dejar que mi hijo pase tiempo con el amigo fuera de la casa. Evidentemente, la lista de amigos de fin de semana es mucho más corta que la de amigos de días entre semana.

Al haber enseñado a nuestros hijos esta distinción, teníamos una base para ayudarles a escoger un grupo de amigos positivo que fuera aprobado por los padres. Por ejemplo, si mi hijo expresaba el deseo de reunirse con un amigo de la escuela de entre semana, y era un amigo que no conocíamos, poníamos la condición de que el amigo viniera a nuestra casa hasta que pudiéramos tener un mejor indicio de la situación. El amigo pudiera convertirse o no en un amigo de fin de semana. En algunas situaciones nuestros hijos tuvieron amigos que solamente venían en nuestra casa porque no nos sentíamos lo suficientemente cómodos con dejar que nuestros hijos pasaran tiempo en la casa del amigo, como por ejemplo, la situación que mencioné antes donde mi hijo recibió la invitación para una fiesta que prácticamente no tendría supervisión alguna.

En un estudio realizado por The National Longitudinal Study of Adolescent Health [Estudio longitudinal nacional de la salud del adolescente], los investigadores llegaron a la conclusión de que los padres tienen un buen motivo para conocer a los amigos de sus hijos, así como a los padres de los amigos de sus hijos. En base a sus descubrimientos, a continuación algunas maneras en que los investigadores sugieren que los padres pueden mantenerse vigilantes en cuanto a la influencia del grupo de amigos de su hijo:[2]

- Mire más allá del mejor amigo de su hijo a su círculo más íntimo y al grupo de amigos un poco más amplio para poder comprender el rango completo de la influencia de los amigos.
- Preste atención a la composición del círculo de amigos íntimos de su hijo adolescente.
- Enfóquese más en los amigos positivos de su hijo. Estos son los que marcan una diferencia. Ayudar a los jóvenes a tener relaciones positivas con buenos ejemplos a imitar es algo protector.
- Aprenda sobre las relaciones que los amigos de su hijo tienen con sus padres. Al dirigir a sus hijos hacia amigos que tienen buenas relaciones con sus padres usted puede ayudar a reducir el riesgo.

Permítame añadir también que en algunos casos pudiera ser necesario prohibir por completo a su hijo asociaciones de alto riesgo durante un tiempo (o a veces permanentemente) cuando se cruzan los límites o se viola la confianza. Mis dos hijos experimentaron una situación grande, de tipo encrucijada y definitoria para la vida en sus años de la escuela secundaria. Keith y yo siempre hemos orado que si (cuando) nuestros hijos se desvíen del camino de Dios, sean sorprendidos en su pecado tan pronto como sea posible. Dicho de manera sencilla, le pedimos a Dios que hiciera sonar la alarma del pecado: "¡Arrepiéntanse! ¡Vuélvanse!!" Si nuestro hijos respondían dándole al botón de repetición, queríamos que los atraparan para que pudiéramos intervenir con el objetivo de (1) tratar la raíz del problema y (2) protegerlos de desviarse más por el camino antes de desarrollar un hábito o patrón negativo. En resumidas cuentas, queríamos que los atraparan antes de que pudieran apretar el botón de repetición.

En las situaciones en las que mis hijos fueron descubiertos en una actividad pecaminosa, enseguida quedaban encerrados. Además de quitarles los teléfonos celulares, computadoras y las llaves del auto (con excepción de manejar a la escuela y al trabajo), también les prohibimos asociarse con cualquier otra persona que hubiera estado involucrada en la situación hasta que pudiéramos comprenderla mejor. Razonamos que estos "amigos" no eran una buena influencia para nuestros hijos y nuestros hijos, a su vez, no eran una buena influencia para sus amigos.

Ya que se había violado la confianza, la carga de la responsabilidad cayó sobre nuestros hijos para volver a ganarse nuestra confianza antes de que se les devolvieran los privilegios. En las situaciones identificábamos ciertos chicos quienes, debido a un récord probado de desconfianza y falta de arrepentimiento, quedaban en la lista de amigos prohibidos de manera permanente a menos que pudieran probar lo contrario. El primer proverbio nos recuerda: "Hijo mío, si los pecadores te quisieren engañar, no consientas...Hijo mío, no andes en camino con ellos. Aparta tu pie de sus veredas, porque sus pies corren hacia el mal, y van presurosos a derramar sangre (Proverbios 1:10, 15–16). Hasta que nuestros hijos tengan la sabiduría y discernimiento para guardar distancia de aquellos que pudieran "engañarlos" o tentarlos para "correr hacia el mal", depende de nosotros ayudarles a guardar la distancia. Sé que esto suena duro pero, dado el poder de la influencia de los amigos, tenemos la responsabilidad de proteger a nuestros hijos y en ocasiones esto significa poner límites que les ayudarán a protegerse de *sí mismos*.

La prohibición de los amigos ayudaba a mis hijos a buscar nuevos amigos o a hacer un esfuerzo por volver a conectarse con viejos amigos que al menos hacían un esfuerzo por seguir a Cristo. Al final Dios proveyó para cada uno de nuestros hijos un grupo de amigos cristianos fuertes. Hoy nuestros hijos ven la "intervención en los amigos" como una llamada de alerta muy necesaria que al final les ayudó a regresar al camino de Dios.

Hemos sido bendecidos porque en general nuestros hijos han tomados buenas decisiones cuando se trata de su grupo más íntimo. Los pocos baches que experimentamos en el camino sirvieron como recordatorios tangibles de la sabiduría de Dios cuando se trata de escoger amigos. En verdad "las malas conversaciones corrompen las buenas costumbres" (1 Corintios 15:33). A pesar del tiempo y atención que invertimos en enseñarles esta verdad, a veces nuestros hijos sencillamente tendrán que aprender a las malas. Mientras, hacemos nuestra parte al llevar la cuenta de su grupo de amigos y dirigirlos a aquellos que comparten los mismos valores y creencias.

¿Cuán bien conoce usted a los amigos de su hijo?[3]

1. Diga el nombre del mejor amigo de su hijo.
2. Menciones los otros cinco o seis mejores amigos de su hijo.
3. ¿Sabe usted las edades de esos amigos?
4. Diga los nombres de los padres de dichos amigos.

5. Describa las relaciones de esos amigos con sus padres.
6. Mencione a tantos jóvenes como pueda en el grupo de compañeros de su hijo (por lo general unas cincuenta personas).
7. Describa las características sociales y de comportamiento del grupo líder (más popular) en la escuela de su hijo.
8. Describa las características sociales y de comportamiento de la escuela de su hijo.

El factor Dios

En el libro *Boys Should Be Boys* la autora y pediatra Meg Meeker señala: "Esto lo digo no como si fuera una teóloga sino como pediatra, y lo baso en lo que he visto en mi consulta médica. Los chicos que se adhieren a una práctica religiosa tradicional tienen más probabilidades de soportar las presiones de la vida, a tener un sentido de integridad y propósito con respecto a sí mismos que aquellos que o han sido criados sin ninguna fe o con una fe sin forma y autodirigida".[4]

Mientras escribía este capítulo, mi hijo menor se preparaba para asistir a la fiesta de graduación de la secundaria con algunos de sus amigos de mucho tiempo que asisten al grupo de jóvenes de la iglesia. Al mirar sus fotos me sentí abrumada de gratitud por la provisión de este grupo de amigos. Han crecido juntos en la iglesia, han experimentado todo juntos, desde el preescolar hasta las escuelas bíblicas de verano y los campamentos y eventos de jóvenes. Han hecho juntos estudios bíblicos los miércoles en la noche y han ido juntos en viajes misioneros. De hecho los cuatro chicos que aparecían en la foto comenzaron su amistad como vecinos de cuna en la guardería de la iglesia. Hicieron acampadas de padres con hijos y fueron a las fiestas de cumpleaños de unos y otros a lo largo de los años. Un par de meses antes de la fiesta de graduación pasaron sus vacaciones de primavera en un viaje misionero a Tailandia.

Si uno de ellos se desviaba un poco del camino de Dios, los otros parecían darse cuenta y con amor animaban a su amigo a regresar al rebaño.

Son un gran grupo de muchachos. Fíjese que no son perfectos, pero ¿quién lo es? Algunos (como nosotros) han tenido baches en el camino de la secundaria que los derribaron durante un tiempo.

Si usted les pregunta por dichos baches ellos le dirán que eso les ayudó a definir no solo *quiénes* son hoy sino *dónde* se encuentran en su caminar con Cristo. De hecho he sido testigo de una dinámica tremenda en este grupo a lo largo de los últimos años. Si uno de ellos se desviaba un poco del camino de Dios, los otros parecían darse cuenta y con amor animaban a su amigo a regresar al rebaño. Mi propio hijo ha sido el que en ciertos momentos da ánimo así como el que a veces lo recibe.

Una de las razones por las que este grupo quisieron asistir juntos a la fiesta de graduación es porque no tenían interés en involucrarse en las actividades comunes de esta fiesta como beber, bailes sucios y quedarse a pasar la noche en un hotel con sus compañeras de fiesta. Ellos solo querían divertirse de una manera sana y limpia, el tipo de diversión que recordarán en los años futuros. Al ver las fotos de este maravilloso grupo de chicos recordé que es posible criar hijos que van en contra de la cultura actual. Insisto, eso no quiere decir que no tendrán deslices en el camino. Ellos enfrentan las mismas tentaciones que cualquier otra persona pero tienen una red integrada de apoyo en su fe.

Si yo tuviera que mencionar los denominadores comunes que diferencian al grupo de chicos que fueron juntos a la fiesta de graduación de los otros alumnos de su misma edad, sería lo siguiente: (1) fueron criados por padres cristianos comprometidos en la fe cristiana desde una edad temprana; (2) sus padres son asistentes fieles a la iglesia, comprometidos e involucrados con su iglesia local (vs. Asistentes esporádicos de los domingos); y (3) sus padres fueron diligentes en guiarlos a escoger amigos con creencias y valores similares. Sorprendentemente, cada uno de los denominadores comunes mencionados antes representa los factores externos que hemos tratado en este capítulo: el factor de los padres, el factor de los amigos y el factor Dios. Pero sobre todo, cada uno depende de la implementación de los padres. El primer paso para proteger a nuestros hijos del dominio de la tentación y el pecado es exponerlos a un ambiente que les facilite la única solución: una relación íntima y floreciente con Jesucristo.

CAPÍTULO SEIS

El secreto del dominio propio

Mejor es el que tarda en airarse que el fuerte; Y el que se enseñorea de su espíritu, que el que toma una ciudad. (Prov. 16:32)

En el verano antes del segundo año de secundaria de mi hijo mayor, él aprendió una lección valiosa que no olvidará. Él y un buen amigo esperaban ansiosos que saliera a la venta un nuevo juego de video. Cuando salió, a solo unos días de empezado el verano, ellos fueron de los primeros en obtener el juego. Durante la semana siguiente se refugiaron en la oficina de mi casa, frente a la computadora, intentando de manera frenética llegar al próximo nivel en el juego. Una semana se convirtió en dos, dos en cuatro y cuando se dieron cuenta, el verano se había terminado.

Aunque yo a veces entraba y los hacía tomar un receso y salir afuera, era como si su mente solo tuviera una sola pista y no pudieran pensar en nada más que llegar al nivel siguiente de aquel tonto juego de video. Yo me aguanté las ganas de prohibirles totalmente que jugaran, con la esperanza de que al final llegaran a la conclusión de que no era más que una pérdida de tiempo. Sin dudas mi plan funcionó. Al final del verano mi hijo se cansó del juego, pero entonces se dio cuenta de que el verano se había terminado. Recuerdo que dijo algo así: "No puedo creer que haya desperdiciado todo mi verano jugando ese juego tonto". Claro, sus hermanos estaban felices de restregárselo y burlarse de él diciéndole que era un "adicto a los juegos" y que nunca podría conseguir una novia, ni siquiera un trabajo.

Mi hijo ya terminó la universidad, está casado y es un integrante diligente en el ámbito laboral. Hasta el día de hoy él habla de aquel verano antes del segundo año de secundaria y cuánto remordimiento él y su amigo sintieron cuando se dieron cuenta de que habían cambiado todo el verano por un juego tonto. Sin embargo, el verano no se desperdició por completo. Mi hijo aprendió algunas lecciones valiosas en el proceso. Enfrentó una tentación que amenazaba con dominarlo pero solo fue durante ese verano. Mi hijo y su amigo quedaron cautivos de un juego que solo prometía una serie de emociones temporales, la recompensa de llegar al nivel siguiente. Qué irónico que un juego que no pudieron dominar por todo un verano, al final los dominó a ellos.

Sería sabio para nuestros hijos aprender el consejo de Pablo: "Todas las cosas me son lícitas, mas no todas convienen; (A) todas las cosas me son lícitas, mas yo no me dejaré dominar de ninguna" (1 Corintios 6:12). Si nuestros hijos no aprenden la cualidad piadosa del dominio propio, correrán el riesgo de convertirse en "esclavo del que lo venció" (2 Pedro 2:19). La pornografía, el alcohol, las drogas, el sexo, las salidas, los juegos de video y otras tentaciones comunes en los varones cruzarán su camino en algún momento de su trayectoria hacia la adultez. Sí, necesitamos establecer límites razonables para protegerlos (a menudo de sí mismos), pero no siempre estaremos presentes para guiarlos a tomar decisiones buenas y piadosas. No queremos criar hijos que solo se comporten como resultado de tácticas vistosas para modificar la conducta sacadas del último y mejor libro sobre la crianza de los hijos (ya sea este o cualquier otro). El dominio propio es uno de los frutos del Espíritu que se mencionan en Gálatas 5:22–23 y sin dudas una disciplina espiritual santa que solo se domina mediante la presencia del Espíritu Santo. Sin embargo, los padres pueden hacer ciertas cosas para introducir principios básicos del dominio propio en las vidas de sus hijos a una edad temprana, mucho antes de que puedan rendir sus corazones a Cristo.

En un esfuerzo por presentar el concepto del dominio propio incluso a los chicos más jóvenes, se me ocurrió una fórmula bastante sencilla que es fácil de recordar y que ofrece un cimiento sobre el cual edificar con los años: "Detente, piensa, ora" o para abreviar DPO. Permítame darle una descripción más profunda de la fórmula.

Detente

Ya sea que su hijo tiene cuatro o catorce años, es difícil para el detenerse y considerar una acción y las posibles consecuencias relacionadas con la misma. Algunos chicos son más impulsivos por naturaleza que otros y el ejercicio de detenerse y considerar una acción les resultará difícil. De hecho, un estudio reciente que examinó conductas de riesgo en niños y hombres de 9 a 35 años descubrió que los adolescentes corrían más riesgos que el resto de los grupos. La conducta más riesgosa se vio en los chicos de 14 años. El autor al frente del estudio continuó diciendo que el mismo es un primer paso para determinar por qué los adolescentes se involucran en comportamientos extremadamente riesgosos como el uso de las drogas y el sexo.[1]

El primer paso es ayudarles a simplemente "detenerse", hacer una pausa o respirar.

Esto no debiera ser una sorpresa ya que el estudio muestra algo que las empresas de seguro saben hace tiempo: Los varones no siempre se detienen a pensar bien las cosas y por lo tanto, corren mayor riesgo que otros, ¡de ahí que las primas de seguro son más altas para los choferes adolescentes! Solo porque son más impulsivos por naturaleza a esta edad no significa que lo aceptemos y lo justifiquemos. Depende de nosotros ayudarles a tomar decisiones sabias al darles las herramientas que les ayuden a formar sus músculos para el dominio propio. El primer paso es ayudarles a simplemente "detenerse", hacer una pausa o respirar antes de lanzarse a algo que puede producir un torbellino de consecuencias devastadoras.

Si nuestros hijos tienen que ejercitar sus músculos del dominio propio, tienen que aprender a detenerse y reagruparse al presentarle a Dios la situación. Este es un primer paso para entrenar a nuestros hijos en que se examinen a sí mismos al cultivar la disciplina diaria de presentar sus corazones desnudos delante de Dios. En Salmos 139:23–24 David pone el ejemplo:

Examíname, oh Dios, y conoce mi corazón;
Pruébame y conoce mis pensamientos;
Y ve si hay en mí camino de perversidad,
Y guíame en el camino eterno.

David conoció de primera mano el dolor que puede resultar de tomar decisiones impulsivas. ¡Ojalá le hubiera preguntado a Dios si había en él "camino de perversidad" en los momentos después de que viera desde su ventana a Betsabé bañándose en un techo! Ya sea que nuestros hijos enfrenten una tentación para de manera descortés colarse en la fila de la cena en la iglesia, jugar un juego de video durante cuatro horas seguidas, sucumbir a la presión del grupo en una fiesta y beber, ver pornografía en la computadora o tener relaciones sexuales con su novia, necesitamos ayudarles a aprender a detenerse y presentar la tentación a Dios. No siempre lo harán (ni nosotros tampoco), pero la clave es formar los músculos del dominio propio al avanzar a la meta de cultivar un hábito de ejercer dominio propio. Cada vez que ejercitamos el dominio propio, nos demostramos que podemos hacerlo. Sobre todo, al buscar que Dios nos guía al tomar decisiones y avanzamos un paso más en el "camino eterno". El dominio propio produce libertad al enseñar el verdadero dominio sobre las tentaciones que vengan.

El dominio propio produce libertad al enseñar el verdadero dominio sobre las tentaciones que vengan.

Necesitamos ayudarle a entender que sin dominio propio serán los mejores candidatos a convertirse en esclavos de las tentaciones que crucen su camino. Aprender a detenerse antes de reaccionar es la clave para desarrollar el dominio propio.

Piensa

El cerebro del niño y la niña tienen diferencias claras. La Dra. Francine Benes, quien encabeza un banco de tejido cerebral en el hospital McLean de Boston señala: "El cerebro masculino no alcanza su tamaño completo hasta los treinta años aproximadamente. El cerebro femenino alcanza su tamaño óptimo durante el período de la adolescencia".[2] Steve Gerali, autor de *Teenage Guys* apunta: "La corteza anterior del cerebro de un hombre comienza a desarrollarse durante la pubertad. Esta parte es responsable del discernimiento y el juicio, algo de lo que los adolescentes carecen a menudo. La inmadurez del desarrollo de su cerebro pudiera interferir con la capacidad de un hombre para juzgar de manera adecuada la seguridad y efectos a largo plazo, las consecuencias y las implicaciones de los riesgos que corre".[3]

El cerebro masculino no alcanza su tamaño completo hasta los treinta años aproximadamente.

Esto sin dudas explica las miradas en blanco que a menudo recibimos cuando les preguntamos a nuestros hijos: "¿En qué estabas pensando?" o "¿Alguna vez se te ocurrió...?" En fin: *no estaban* pensando; y no, es muy probable que *no* se les ocurriera. Sin embargo, el desarrollo cognitivo demorado en el cerebro masculino no significa que nuestros hijos sean incapaces de relacionar las posibles consecuencias con ciertos actos. Solo que no será natural para ellos. Nuestro papel es ayudarles a desarrollar el hábito. Tampoco es natural para ellos cepillarse los dientes, pero para enseñarles una higiene dental adecuada, perseveramos en incorporar el cepillado de los dientes en su rutina diaria. Y si no lo hacemos, al final tendremos que pagar un alto precio. Lo mismo sucede con la autodisciplina. Aunque no es natural para nuestros hijos detenerse, hacer una pausa y pensar bien las cosas, perseveramos en la tarea, sabiendo que la falta de autodisciplina también puede dejarlos a ellos (y a nosotros) con un alto precio que pagar en el futuro.

Aprender a detenerse y pensar son herramientas esenciales cuando se trata de tomar decisiones sabias pero también está en juego un componente espiritual. Nuestros hijos necesitan aprenden el valor de apoyarse en la fortaleza de Dios. Necesitan desarrollar el hábito de la oración.

Orar

Desde una edad temprana debemos enseñar a nuestros hijos lo que dice Mateo 26:41: "Velad y orad, para que no entréis en tentación; el espíritu a la verdad está dispuesto, pero la carne es débil". El dominio propio es una de las disciplinas más difíciles que aprenderemos. Y me atrevo a decir

Tenemos que enseñar a nuestros hijos a apoyarse en Cristo para obtener dirección sabiduría y fortaleza cuando enfrenten las tentaciones.

que muchas de nosotras (me incluyo) todavía estamos trabajando en eso. Nuestra naturaleza (o nuestra "carne") gravita de modo natural hacia la gratificación instantánea y el placer. Nuestros hijos necesitan saber que su deseo de gratificación instantánea es normal. Sin embargo, debemos darles las herramientas que necesitan para ejercer el dominio propio para que no se vuelvan adultos impulsivos y tontos que viven de un placer temporal a otro. Los placeres momentáneos, temporales, no producen una vida abundante y realizada. A algunos pudiera parecerles que sí, pero si usted mira más allá le garantizo que encontrará desdicha. La esclavitud a tentaciones impías siempre produce desdicha. El verdadero control sobre nuestra carne (los deseos pecaminosos) solo se logra con la ayuda de Cristo. Tenemos que enseñar a nuestros hijos a apoyarse en Cristo para obtener dirección sabiduría y fortaleza cuando enfrenten las tentaciones.

Dependiendo de la edad de su hijo, la tentación del día pudiera ser resistirse a una lata de refresco con mucha azúcar en el refrigerador y que usted dijo que no podía tomarse, o controlar el deseo de ponerle un traspié a su hermana mientras cruza la sala. Si es mayor, la tentación del día pudiera ser decir *no* a una fiesta el fin de semana donde habrá alcohol disponible. O hacer clic en un enlace a un sitio pornográfico del que un amigo le contó. Es necesario enseñar a nuestros hijos que luchar contra las tentaciones solo con el poder de su voluntad a menudo será inútil. Necesitan una fortaleza sobrenatural que solo puede encontrarse en Cristo. Clamar a Dios en oración y pedirle ayuda será crucial para luchar contra las tentaciones que cruzarán su camino a diario.

En 2 Pedro 1:6, Pedro resume la fórmula del dominio propio: "añadid a vuestra fe virtud; a la virtud, conocimiento; al conocimiento, dominio propio; al dominio propio, paciencia; a la paciencia, piedad". El dominio propio es un derivado de conocer a Dios y, como dije antes, un fruto del Espíritu (Gálatas 5:22–23). Si queremos criar hijos que tengan dominio propio, tenemos que presentarles a Dios y la belleza del evangelio. Esto no significa que los dejemos en la iglesia cada domingo y confiemos en que por estar allí desarrollarán una relación próspera con Cristo. La asistencia habitual a la iglesia solo es parte de la ecuación. Dios nos ha designado para ser las maestras principales de nuestros hijos durante los años que nuestros hijos pasen con nosotras aprenderán más por el ejemplo que por lo que se les enseñe.

Nuestra prioridad no debe ser simplemente enseñar a nuestros hijos el dominio propio sino más que nada revelarles la gracia de Dios. Es decir, tenemos que vivir la belleza del evangelio frente a nuestros hijos. Tito 2:11–14 lo resume bien:

> Porque la gracia de Dios se ha manifestado para salvación a todos los hombres, enseñándonos que, renunciando a la impiedad y a los deseos mundanos, vivamos en este siglo sobria, justa y piadosamente, aguardando la esperanza bienaventurada y la manifestación gloriosa de nuestro gran Dios y Salvador Jesucristo, quien se dio a sí mismo por nosotros para redimirnos de toda iniquidad y purificar para sí un pueblo propio, celoso de buenas obras. (Tito 2:11–14)

Intentar enseñar a nuestros hijos el dominio propio fuera del poder de Cristo es algo inútil. De hecho, no solo es inútil sino peligroso. Las críticas más duras de Jesús estuvieron dirigidas a los fariseos y su enfoque en "modificar la conducta" en lugar de "lo que habita en el corazón". Todos tenemos un deseo glotón y egoísta de andar de un placer en otro. Sin embargo, ir tras estos deseos al final nos dejará vacíos. Cuando ayudamos a nuestros hijos a comprender esta paradoja, se crea una oportunidad hermosa para presentar el evangelio de Cristo y mostrarle la necesidad evidente que tienen de un Salvador.

Nuestra prioridad no debe ser simplemente enseñar a nuestros hijos el dominio propio sino más que nada revelarles la gracia de Dios.

CAPÍTULO SIETE
La pornografía: una realidad virtual

Meses antes de comprometerme a escribir este libro, una amiga me contactó para contar una historia desgarradora que había devastado a su comunidad recientemente. Un grupo de chicos de tercer grado, que asisten a una escuela cristiana privada, habían estado pasándose de unos a otros un iTouch durante la hora del almuerzo en las primeras semanas de la escuela. Es muy probable que la escuela tuviera reglas con respecto al uso de los teléfonos y otros dispositivos inalámbricos, pero como usted puede imaginar, es casi imposible para los maestros y la administración llevar cuenta de todos y cada uno de los alumnos a lo largo del día para asegurarse de que cumplan con las reglas. Cuando por fin un maestro se dio cuenta de que los alumnos estaban pasando el equipo entre sí, y lo recogió, ya el daño estaba hecho. Para horror de la maestra, los chicos habían estado viendo un sitio pornográfico. Como muchos de los modelos más nuevos de equipos MP3, un iTouch tiene un navegador inalámbrico para el Internet lo que hace que se puede navegar por la red en los lugares donde haya acceso al Internet.

Lamentablemente el sitio que los chicos estaban mirando no era un sitio pornográfico mediocre. Era uno de los portales en línea más grande para videos pornográficos hechos en casa. Es muy probable que uno de los chicos supiera del sitio por algún hermano mayor o chico del vecindario. Dudo que muchos de los padres siquiera hubieran tenido una conversación con sus hijos acerca de dónde vienen los niños pues solo tenían ocho o nueve años. Eran niños demasiado pequeños para siquiera comenzar a procesar el diseño divino de Dios para el sexo, mucho menos las imágenes que ahora están para siempre grabadas en sus mentes. Considere que esto pudiera pasarle al hijo de cualquiera. El mío o el suyo. La realidad aleccionadora incluso para aquellos de nosotros que fielmente aplicamos el control paternal en los equipos de nuestros hijos es que solo se necesita un chico en el grupo de su hijo que tenga un equipo con acceso a la red, un poco de tiempo libre y una invitación para que su hijo "eche un vistazo".

Mary Anne Layden, codirectora del programa de traumas sexuales y psicopatología en el Centro de Terapia Cognitiva de la Universidad de Pensilvania, llamó a la pornografía lo "más preocupante para la salud psicológica en nuestros días". Ella añade: "El Internet es un sistema perfecto para distribución de drogas porque uno es anónimo, está excitado y tiene modelos a seguir para dichas conductas". "Recibir drogas en su casa, las 24 horas del día, cada día de la semana, gratis, e hijos que sepan usarlas mejor que los adultos, es un sistema de entrega perfecto si queremos tener toda una generación de adictos jóvenes que nunca sacarán la droga de sus mentes…A los adictos a la pornografía se les hace más difícil recuperarse de su adicción que a los adictos a la cocaína porque los adictos a la cocaína pueden sacar la droga de su sistema, pero las imágenes pornográficas se quedan en su cerebro para siempre".[1]

El mayor grupo de consumidores de pornografía por Internet está en las edades de 12 a 17 años.

No es cuestión de *si* sino de *cuándo*

Antes de prepararnos para tratar el problema de la pornografía y hablar de soluciones, es necesario que primero entendamos cuán difundido está el problema. Según algunos estimados, la producción y venta de pornografía explícita es la séptima industria más grande en los Estados Unidos.[2] Según un estudio, los investigadores de la Universidad de New Hampshire descubrieron que cerca del 90 por ciento de los niños entre ocho y 16 años han visto pornografía. De hecho, el mayor grupo de consumidores de pornografía por Internet está en las edades de 12 a 17 años. El estudio también descubrió que la mayoría de los chicos que ven pornografía en la computadora no estaban buscándola la primera vez que la encontraron.[3]

Considere que en 1985, el 92 por ciento de los adultos masculinos tenían una revista *Playboy* al llegar a los quince años mientras que hoy la edad promedio en que un niño varón queda expuesto a la pornografía es once años.[4] Casi la mitad de los chicos entre el tercero y octavo grados han visitado sitios web con contenido para adultos.[5] Otros estudios revelan que el 75 por ciento de los varones entre 18 y 24 años visitan pornografía en el internet mensualmente, lo que representa un cuarto de todos los visitantes a los sitios pornográficos del Internet. El siguiente grupo mayor de usuarios son hombres entre los 20 y 30 años, de los cuales el 66 por ciento informa ser usuarios habituales de la pornografía.[6]

Aunque la pornografía siempre ha existido de una manera u otra, en el pasado solía ser más difícil para los chicos llegar a ella. En mi generación los varones por lo general se exponían a la pornografía al echar un vistazo a una revista *Playboy* vieja que algún chico del barrio traía escondida y que pertenecía a su papá. O si estaban muy desesperados, la sección de ropa interior del catálogo de JCPenney. La pornografía hoy está accesible en el Internet, en los equipos de juego portátiles, en los teléfonos celulares y prácticamente en cualquier aparato que pueda conectarse de manera inalámbrica. Un chico no necesita salir a buscarla; en algún momento esta lo encontrará. Y lo que existe hoy allá afuera puede hacer que la revista *Playboy* parezca aburrida e inocua. Así como sucedió con los chicos de tercer grado que simplemente estaban pasándose entre sí el iTouch de otro chico durante el almuerzo, puede suceder con poco o ningún aviso.

Veamos por ejemplo a Susan, cuyo hijo quedó expuesto a la pornografía mientras trabajaba en una laptop de la escuela secundaria. Ella me contactó hace algunos meses para hablar de una jornada muy dolorosa que había experimentado. Esto fue lo que contó:

> *Mi hijo guardó su secreto durante 18 meses. Aunque sabíamos que algo muy malo estaba pasando, nunca imaginamos que este era el*

problema. Ha sido un camino largo y difícil. Hemos invertido mucho tiempo y paciencia en su desarrollo espiritual para darle herramientas para vencer esta grave adicción. Yo estaba muy preocupada cuando se fue a la universidad este otoño, pero él ha sido fiel y por la mano de Dios le pusieron un mentor que ha luchado con el mismo problema y que pasó por el camino de sanidad. Yo nunca esperé que él lidiara con este tipo de adicción ni tenía idea de los problemas a largo plazo que esto traería.

Otra mamá, Julie, también me contactó para relatarme cómo el hábito de la pornografía dominó la vida de su hijo por varios años:

Tengo tres hijos y una hija. Mi hijo mayor tiene 16 años y empezó a batallar con la pornografía como a los 13. Nos contó que supo de un sitio web por los amigos mientras almorzaban un día en la cafetería de la escuela. Visitó ese sitio web (que era muy fuerte, por cierto), y le produjo una intriga secreta por ver más y más. Mi esposo descubrió lo que había estado viendo como cuatro semanas después de que visitara el sitio por primera vez. En sentido general hemos lidiado con el asunto y nuestro hijo se siente avergonzado por sus acciones pero de vez en cuando ha tenido sus recaídas. Lo más intimidante que le escuché decir fue: "Yo sabía que estaba mal, me decía a mí mismo que estaba mal, pero no podía evitarlo, tenía que mirar". Le doy gracias a Dios que nuestro hijo vino a pedirnos ayuda, nos lo confesó y vino a orar con nosotros, etc. (y sí, sí tenemos filtros en nuestras computadoras). Pero ahora él enfrenta un nuevo desafío: no sabe cómo salir al mundo sin enfrentar la posibilidad de tropezar de nuevo. No participa en actividades de la iglesia que incluyan quedarse a dormir porque dice que los chicos hablan de cosas que le hacen querer visitar los sitios otra vez. A veces lo veo desviando la mirada a las carteleras, las pinturas en los restaurantes, etc. Mi esposo dice que esto pudiera ser una lucha para él por el resto de su vida. Yo quiero que se sienta confiado en que con la fuerza de Cristo él puede "estar en el mundo pero no ser del mundo", pero realmente me ha abierto los ojos a la cantidad de imágenes pornográficas o sugestivas que están a la vista. Él solo está a un par de años de entrar a la universidad y quiero que esté listo para sostenerse en sus convicciones.

Entiendo que muchas de ustedes pudieran sentirse abrumadas luego de leer estos relatos y aceptar la gravedad de la situación. Es fácil sentir que la situación es irremediable. Aunque la pornografía es una triste realidad de nuestros tiempos, no disminuye el poder de Dios. Como madres sencillamente necesitamos entrar en el juego y buscar un nuevo plan de ataque, mejorado. Nuestro plan de ataque tiene que ir más allá de activar los controles para padres y decirles a nuestros hijos que no miren cuando lo vean. Necesitamos dar un paso más y enseñar a nuestros hijos a monitorear sus corazones.

Proverbios 4:23 dice: "Sobre toda cosa guardada, guarda tu corazón; Porque de él mana la vida". Nuestros hijos no tienen muchas probabilidades de aceptar la importancia de revisar y guardar sus corazones en el momento hasta que establecen la relación entre ver pornografía y tener una calidad de vida pobre.

El resto de este capítulo delineará el plan de ataque que mi esposo y yo hemos usado con nuestros hijos cuando se trata de hablar de algunos peligros prácticos de la pornografía que van más allá de la perspectiva moral/bíblica que supuestamente usted también ha compartido. Ellos necesitan ver la complejidad de los peligros de aquello que parece tan seductor y cómodo. Si usted se siente incómoda tratando el tema con su hijo, pásele el libro a su esposo y deje que sea él quien cubra la información de este capítulo. Lo más importante es que alguien trate la información con él y mantenga la conversación viva según pasen los años. He destacado tres peligros que deben tratarse una y otra vez hasta que dichos peligros queden grabados en sus mentes. De esa manera, cuando enfrenten la tentación, estarán completamente informados del cambio que está en juego.

1. Ver pornografía afecta la configuración de su cerebro. William M. Struthers, autor del libro *Wired for Intimacy*, ha escrito mucho sobre la dinámica que se produce en el cerebro cuando se mira pornografía. "La exposición repetida a la pornografía crea una autopista neurológica en la que la vida mental de un hombre está super sexualizada y limitada".[7] Él añade: "A medida que los hombres caen más en el hábito mental de fijarse en estas imágenes, la exposición a ellas crea conexiones neuronales y un camino que se crea en el bosque mental con cada sesión sucesiva, también los caminos neuronales marcan el rumbo para la próxima vez que una imagen erótica es vista."[8] Struthers señala que las experiencias con la pornografía y las hormonas del placer crean nuevos patrones en la configuración del cerebro y las experiencias repetidas formalizan la reconfiguración.[9] Sin dudas le da un sentido completamente nuevo a la frase "mente estrecha".

Nuestros hijos necesitan saber que la pornografía es mucho más que un simple ataque a sus ojos. Esta afecta la configuración de sus cerebros. Cada sesión trae una dosis de dopamina al cerebro (conocida también como la hormona "de sentirse bien" o de la "recompensa"), que deja al espectador, al igual que un adicto, queriendo más. "Un elevado nivel de dopamina en el cerebro crea una sensación que el adicto sigue buscando", dijo David Greenfield, el director del Centro para la Conducta en el Internet y autor de *Virtual Addiction*.[10] Greenfield advierte además: "El sexo es la fuerza psicológica más primitiva y poderosa del planeta, está configurado en nuestro ADN. Todos tenemos el potencial para convertirnos en adictos a este."[11]

Ya que una exposición lleva a la otra, y otra más, se desarrolla un hábito (para obtener esa sensación o "recompensa" repetida"). A medida que se cultiva el hábito, comienzan a desarrollarse caminos neuronales que le indican al cerebro que recorra el mismo camino una y otra vez. Pero el daño no termina ahí. Una vez que se crea esta autopista neurológica, también se convierte en el camino por el que se encamina la interacción con las mujeres. "En las mentes de estos hombres todas las mujeres se convierten en posibles estrellas pornográficas. Sin saberlo han creado un circuito neurológico que aprisiona su capacidad de ver a las mujeres de una manera correcta, como creadas a imagen de Dios."[12]

No es suficiente solo enseñar a nuestros hijos a no mirar.

Nuestros hijos están creciendo en una cultura que ve la pornografía como una diversión inofensiva. La pornografía es cualquier cosa menos inofensiva. Cobra más de una víctima al afectar el núcleo del pensamiento de los hombres y su manera de ver a las mujeres.

No es suficiente solo enseñar a nuestros hijos a no mirar. Tenemos que mostrarles de lleno lo que está en riesgo cuando deciden ver pornografía. Necesitamos ayudarles a entender que cada vez que practican el dominio propio al no mirar en una situación tentadora están reforzando un camino neuronal nuevo y mejor en su cerebro. A medida que este camino se desarrolla y se recorre una y otra vez (cada vez que se practica el dominio propio), esto les ayudará a crear una autopista neurológica de un solo sentido que les llevará a un lugar mucho mejor.

He compartido estos datos con mis hijos de manera abierta y he enfatizado enérgicamente: "Hijo, simplemente no te conviene alterar la configuración de tu cerebro". William Struthers nos ofrece esta esperanza: "Ya que el cerebro humano, la fuente de nuestra vida mental, es un órgano tan increíble, es importante comprender bien cómo funciona. Cuando entendemos que el cerebro es flexible y moldeable, así como inconmovible y rígido, podemos ver no solo cómo la pornografía puede llevar a una persona a un punto de depravación mental sino también cómo puede lograrse la esperanza para la redención y la santificación."[13] Es decir, incluso si ya se ha desarrollado un hábito y se han establecido caminos neuronales, se puede volver a entrenar el cerebro. No será fácil cerrar la vieja autopista y establecer una nueva, pero es posible.

Por supuesto, lo ideal es que nunca se haga la autopista hacia la depravación, pero la verdad es que muchos chicos ya han iniciado el proceso de construcción. Es por ello que es tan importante reconocer que nunca es demasiado tarde para revertir el daño. Hace poco le dice a mi hijo menor: "Si por casualidad sientes que ya se ha establecido un camino, por favor cuéntanos a mí o a tu papá para poder ayudarte a iniciar el proceso de deconstrucción". No seamos ingenuas con relación a este problema. Hay demasiado en riesgo como para vivir con una actitud de "ojos que no ven, corazón que no siente".

2. Ver pornografía puede afectar tu vida sexual y matrimonial en el futuro. Puede que en este momento a nuestros hijos no les interese mucho una advertencia con relación a que la pornografía puede dañar la relación matrimonial, pero te garantizo que abrirán bien los oídos si les dices que ver pornografía puede arruinar su vida sexual. ¿Qué hombre no quiere tener muy buen sexo algún día? Considere esta información del autor Leonard Sax, M.D., Ph.D., en su libro *Boys Adrift:*

> En la población en general, se estima que ahora casi el 70 por ciento de los hombres en edad universitaria usa la pornografía de manera habitual. Entre estos hombre, el uso de la pornografía puede fácilmente ascender de una diversión ocasional a un pasatiempo cotidiano y al final, a convertirse en su válvula de escape sexual preferida. En un estudio de Harvard, el 69 por ciento de los hombres que buscaron ayuda para problemas sexuales estaban experimentando "masturbación compulsiva", es decir que se masturbaban más de lo debido y/o a veces lo hacían en lugares inadecuados o en momentos inapropiados. El 50 por ciento de los hombres del mismo estudio se describieron como "dependientes de la pornografía", es decir que no podían lograr una erección sin pornografía. Más y más chicos están descubriendo que prefieren una imagen sexy en la pantalla de la computadora a una mujer real con expectativas, una mujer que tiene sus propias ideas, una mujer que pudiera decir cosas que el chico no quiere escuchar".[14]

El pecado tiene rehenes.

No puedo evitar que la información anterior no le dé un susto de muerte a un chico cuando escuche frases como "masturbación compulsiva", "masturbarse en lugares inadecuados", "dependiente de la pornografía", y "que no pueden lograr una erección sin pornografía". ¡Ay! Si nuestros hijos quieren tener vidas sexuales maravillosas (dentro del matrimonio con sus futuras esposas), sería sabio que se resistan a la tentación de ver pornografía. Por supuesto, no todos los chicos que vean pornografía se volverán dependientes de esta, pero ¿cómo saben nuestros hijos si están entre aquellos que sí? No hay manera ninguna de saberlo. Por lo tanto, ¿están dispuestos a arriesgarse?

La pornografía disminuye la satisfacción sexual en los hombres, el tipo de satisfacción sexual que Dios diseñó. En *That's My Son*, el autor Rick Johnson señala: "Los usuarios de la pornografía necesitan premios más grandes: más degradantes, más gráficos, imágenes más explícitas… al ver este material, un hombre no ejerce domino o control propio. Si no puede usar el dominio propio en una esfera de su vida, le faltará en otras también. Los chicos que aprenden a gobernar sus deseos sexuales llegan a ser hombres que pueden involucrarse en relaciones sexuales saludables y pueden controlarse en otras esferas de su vida".[15] William Struthers lo resume de manera bella: "La pornografía es un pecado que le roba a Dios su gloria en el regalo del sexo y la sexualidad. Hace mucho que sabemos que el pecado tiene rehenes".[16]

3. Ver pornografía puede quitarle su felicidad futura. Si alguien dudó alguna vez que la pornografía puede actuar como una droga, considere los siguientes síndromes de abstinencia que se documentan en un artículo de *Psychology Today* en usuarios reales de la pornografía que estaban tratando de liberarse del hábito.[17]

- "Temblores con nervios similares a los que sentía cuando dejé de fumar."
- "Intensos arranques de ira que llevaban a dificultades interpersonales, comportamiento agresivo, me estresaba fácilmente, ideas suicidas."
- "¿Aburrido? Masturbación. ¿Enojado? Masturbación. ¿Triste? Masturbación. ¿Estresado? Masturbación. Pasé de ser el número uno en mi grupo a estar al final, hasta que dejé de la escuela… temo que nunca tendré relaciones sexuales porque no he aprendido habilidades sociales desde que me metí en la pornografía hace ocho años cuando era un adolescente."

Y si alguien tiene dudas de que la pornografía puede disminuir la felicidad futura, considere las citas siguientes que se escucharon a menudo en los hombres encuestados:[18]

- "Independientemente de cuántos orgasmos tenga, nunca me siento satisfecho".

- "Necesito material muy intenso que nunca antes hubiera visto."
- "Estoy más ansioso o deprimido, y tengo un fuerte deseo de evitar a otros personas".

Juan 10:10 nos dice: "El ladrón no viene sino para hurtar y matar y destruir; yo he venido para que tengan vida, y para que la tengan en abundancia". Permítame preguntarle algo: ¿Los testimonios de los hombres anteriores indican que tengan vida, y en abundancia? ¿O más bien suena como si fueran presas de un ladrón que ha venido para "hurtar, y matar, y destruir"? Necesitamos ayudar a nuestros hijos a entender que una vida verdaderamente abundante solo viene por seguir a Cristo y obedecer sus mandamientos. Los placeres temporales, aunque tentadores, pueden robarles la vida abundante que Dios tiene para ellos. Es irónico pero a menudo se alega que la pornografía es un derecho de la persona a ejercer sus "libertades personales"; sin embargo, irónicamente, el resultado final puede dejar a los espectadores encarcelados.

Ya que la masturbación es a menudo un derivado de la pornografía, no voy a tratar esta tentación como un tema aparte. Los mismos principios que se aplican en este capítulo también pueden aplicarse a la masturbación. La pornografía actúa como un estimulante para alcanzar un placer deseado (el orgasmo, por lo general mediante la masturbación). Una vez que nuestros chicos entiende cómo los hábitos pueden formar caminos neuronales que les hacen correr el riesgo de encerrar sus cerebros en ciertas conductas, están mejor preparados para tomar decisiones informadas cuando se trata de la masturbación. Incluso si omiten el estimulante (la pornografía), todavía corren el riesgo de desarrollar caminos neuronales de auto-placer si se vuelven dependientes de la masturbación. Los mismos peligros que se presentaron antes aplican a los chicos que se vuelven dependientes de la masturbación.

Una palabra final para las mamás

Mientras investigaba para este capítulo, me encontré con un artículo fabuloso en la edición en línea del periódico *Chicago Sun-Times*, que animaba a las madres a advertir a sus hijos sobre los peligros de la pornografía. La autora ofrecía palabras de sabiduría muy reveladoras para las madres y seríamos sabias en prestarles atención: "Mamás, ellos no son nosotras. Más bien creo que nuestro enfoque en este caso debe estar en el contexto de 'claro que esto te interesa. Es justo así como fuiste diseñado. No sientas vergüenza de ese deseo. Fuiste hecho para que las mujeres bellas te resulten sexualmente atractivas, y la gente que produce estas cosas bajas lo sabe. Pero estas imágenes no son lo suficientemente buenas para ti. Ese buen deseo que tienes encontrará su mayor satisfacción en una mujer real, cuando el sexo y una relación matrimonial vayan juntos'".[19]

Nuestros chicos no son como nosotras. Por lo tanto, nos resulta difícil entender el encanto que la pornografía tiene para nuestros hijos, pero lo último que ellos necesitan es sentirse avergonzados con una actitud que diga: "¿Por qué se te ocurriría mirar algo así?" Claro que se sienten atraídos. Sin embargo, eso no les da una excusa para ceder a la tentación. Depende de nosotros los padres ayudar a nuestros hijos a entender por qué lo mejor para ellos es resistir la tentación, tanto ahora como a largo plazo.

Si su hijo está entre las edades de 10 y 12 años (o menos si tiene hermanos mayores), usted necesita tratar este tema con él y empezar a debatir los tres peligros mencionados antes. Recuerde, esto es solo para iniciar la conversación. Es importante que la conversación se mantenga con el paso de los años. Incluso si su hijo es más bien inocente y tiene menos conocimiento que los demás chicos de su edad, yo consideraría presentar el tema así:

> Oye, hijo, quiero hablarte de algo. A medida que crezcas y pases más tiempo en la computadora, o en las casas de tus amigos, es probable que veas cosas que Dios no quiere que veas. Tal vez fotos de chicas sin ropa o de dos personas teniendo relaciones sexuales.* (Inserte aquí: "Ay, ¡qué asco!", de parte de su hijo.) Sí, yo sé, pero un día puede que no te parezca tan "qué asco". En fin, solo quiero que sepas que es importante que no mires si te encuentras algo así en la computadora o si tus amigos quieren enseñarte algo que tú sabes que Dios no quiere que mires. Y por favor, ven y cuéntanos a mí o a tu papá si eso pasa. No te vas a meter en un problema porque nosotros queremos que nos cuentes cosas como esas. Según crezcas, muchos de tus amigos van a mirar cosas malas y tratar de que tú las mires con ellos. Vamos a pensar en lo que pudieras decir si eso pasa, ¿está bien?

Independientemente de los controles para padres que pongamos o de los límites que establezcamos para proteger a nuestros hijos, nuestras medidas no serán a toda prueba.

(*Si usted no ha tratado el tema de qué es el sexo y el plan y propósito de Dios para el sexo, considere comenzar esa conversación en un nivel básico si entiende que su hijo está listo. Si su hijo tiene doce años o más, créame, está listo.)

Independientemente de los controles para padres que pongamos o de los límites que establezcamos para proteger a nuestros hijos, nuestras medidas no serán a toda prueba. A fin de cuentas nuestros hijos quedarán expuestos a la pornografía a cierto nivel. Como padres tenemos que ser vigilantes al tratar el tema y los efectos a largo plazo de ver pornografía. Una y otra vez.

Sería sabio que nuestros hijos siguieran los pasos de Job: "Hice pacto con mis ojos; ¿Cómo, pues, había yo de mirar a una virgen?" (Job 31:1). A los que guardan su corazón les espera un manantial de vida (Proverbios 4:23). ¿Qué chico no quiere experimentar la "buena vida", el tipo de vida que Dios tiene para él?

Tenemos que ayudar a nuestros hijos a entender que las decisiones que tomen hoy con respecto a la pornografía pueden impactar su felicidad futura. No podemos estar presentes para dirigir y guardar sus corazones las 24 horas del día. Sin embargo, podemos enseñarles a hacerlo ellos mismos y examinar sus corazones de manera habitual y constante. Todos conocemos a alguien cuyo matrimonio/vida/bienestar ha quedado destruido por la pornografía. Tal vez usted experimentó la repercusión de los males de la pornografía y sabe de primera mano que al pasar deja muchas víctimas. Ignorar el problema no lo hará desaparecer. Tenemos que tratar los peligros de la pornografía con nuestros hijos antes de que caigan en una trampa que los atrape para siempre. Vale la pena pelear esta batalla.

CONVERSACIÓN 3

¡No todo el mundo lo hace! (Y otras verdades desnudas sobre el sexo que no escucharás en la sala de vestuario.)

CAPÍTULO OCHO
Más allá de la cigüeña

Cuando mis hijos eran pequeños yo tenía una amiga que pensaba que las partes íntimas siempre debían llamarse por sus términos anatómicos correspondientes. Yo, por otro lado, no podía aceptar esta filosofía y por tanto les daba a mis hijos sobrenombres para dichas partes. Mi amiga a menudo hacía bromas por mi sistema de sobrenombres y me decía que mis pobres hijos quedarían deformados de por vida. Me preguntaba si quizá ella tenía la razón hasta un día, cuando recogí al hijo de mi amiga para que viniera a jugar después de la escuela. De camino a mi casa pasamos una de esas lomas que te dan cosquillas en el estómago. De repente su hijo gritó desde el asiento de atrás: "¡Uy! ¡Eso me dio cosquillas en el escroto!" Así que en ese momento estuve segura de que yo tenía razón y mi amiga era la que estaba deformando a sus hijos de por vida… y para el caso, los míos también ya que tuve que pasar los siguiente cinco minutos respondiendo a la pregunta de mi hijo que vino desde el asiento de atrás.

—¿Qué es un escroto mamá?

—Eh, es la parte de tu cuerpo que está al lado de tu *willy* [término que usa la autora en inglés].

Lo que disparó una pregunta de parte del hijo de mi amiga:

—¿Qué es un *willy*?

A lo que respondí de inmediato:

—¿Por qué no le preguntas a tu mamá cuando llegues a la casa, te parece?

Mi sistema de sobrenombres funcionó muy bien hasta el día en que una nueva familia se mudó al vecindario. Supe que ellos también tenía un chico de seis años, la misma edad que tenía mi hijo mayor en ese momento, así que un día llegamos para presentarnos. Cuando la madre le presentó su hijo a mi hijo Ryan, yo supe enseguida que teníamos un problema. Sí, acertó, ¡su nombre era *Willy*! En fin, miré a mi hijo con ojos suplicantes para que se quedara callado, pero la expresión de su rostro decía claramente que tendríamos mucho de qué hablar de camino a casa. Nunca olvidaré su comentario mientras caminábamos de regreso: "Mamá, ¿por qué alguien le pondría a su hijo Willy?" ¡Caramba! Por fin tuve que ser clara con mi hijo. Al fin la conversación fue oportuna porque la película *Liberen a Willy* salió unos pocos meses después. Y sin dudas ese no es el mensaje que queremos transmitir a nuestros hijos.

Hablar del sexo es intimidante para muchos padres e incluso más todavía para las madres que intentan tratar el tema con sus hijos varones. Ya quedaron atrás los días en que papá se llenaba de valor para tener una conversación única con su hijo para así poder borrarla de la lista de pendientes. Dada la cultura en la que vivimos, todos necesitamos intervenir cuando se trata de criar a nuestros hijos para que se mantengan puros sexualmente. Necesitamos que tanto mamá como papá aprovechen los momentos oportunos para enseñar.

Todos necesitamos intervenir cuando se trata de criar a nuestros hijos para que se mantengan puros sexualmente.

Sé que esta idea resulta difícil para muchas madres, y si usted está completamente segura de que no puede hablar de sexo con su hijo, entréguele el libro a su esposo y déle la tarea. Lo más importante es que al menos uno de los padres trate el tema y siga haciéndolo con el paso de los años. Mi esposo y yo lo vemos como una asociación cuando se trata de hablar del tema del sexo. De hecho, a decir verdad, es probable que yo haya tenido más conversaciones con nuestros hijos que mi esposo porque estoy más con ellos durante el día, cuando se producen muchos de los momentos idóneos para enseñar.

El sexo es bueno, muy, muy bueno

Cuando conversamos con nuestros hijos sobre el sexo, necesitamos tratar el tema con valentía y confianza en lugar de frivolidad y timidez. Además necesitamos asegurarnos de que tengamos equilibrio en la manera en que lo presentamos, recordando siempre que Dios creó el sexo para sus propósitos (procreación) y para nuestro placer. Es decir, necesitamos dejar a nuestros hijos con una comprensión clara de que el sexo en el contexto correcto (el matrimonio) es bueno y algo que Dios puso en nosotros para que lo deseemos y disfrutemos. En el libro *Hooked,* los autores Joe S. McIlhaney, M.D., y Freda McKissic Bush, M.D., dicen: "El sexo puede considerarse uno de los apetitos con los cuales nacemos".[1] Ellos luego señalan que la palabra "apetito" puede definirse como "cualquiera de los deseos instintivos necesarios para mantener la vida orgánica" o "un deseo inherente".[2] McIlhaney y Bush dicen: "Una verdad para recordar es que los apetitos son necesarios pero neutrales en cuanto a valores. Pueden usarse de manera adecuada o pueden malinterpretarse y usarse mal. Por ejemplo, sin apetito para comer, no sobreviviríamos. La comida proporciona la energía y da combustible a nuestros cuerpos. Sin embargo, el mal uso de este apetito natural al comer en exceso o comer demasiado cosas malas, por ejemplo, puede provocar problemas como enfermedades cardiovasculares, diabetes y muchas otras. Estos problemas de salud pueden cambiar de manera dramática el curso completo en la vida de una persona".[3]

Como madre necesitamos tener cuidado para no excedernos en nuestras "conversaciones" al hacer siempre énfasis en los problemas asociados con el sexo fuera del matrimonio. Si no reconocemos que de hecho el sexo es un don de Dios y algo por lo cual él nos dio un apetito natural, nuestros hijos pueden quedarse con la impresión de que el sexo es malo, incluso en el matrimonio. Esto será confuso sobre todo para nuestros hijos cuando se despierten sus apetitos sexuales (¡y lo harán!). Necesitamos asegurarnos de que nuestros hijos entiendan que aunque su "apetito" sexual es normal y natural, también es algo que necesita manejarse de manera adecuada para que ellos experimenten a largo plazo una salud espiritual, emocional y física óptima.

El sexo en el cerebro de un varón

Cuando se trata del sexo como un "apetito", nosotras como madres necesitamos entender mejor cuán fuerte es el apetito masculino por el sexo. Porque como mujeres, tendremos la tendencia a tratar el tema del sexo desde una perspectiva femenina y suponer cosas en base a nuestro apetito sexual. Dicho esto, prepárese. Estoy a punto de soltarle información muy sincera que puede que le haga retorcerse un poco.

Una vez que un chico llega a la adolescencia, su cuerpo experimente cambios a una velocidad estelar y su apetito sexual entra con toda su fuerza. Permítame decirlo de esta manera: Ese mismo chico preadolescente/joven adolescente del que normalmente las madres cuentan a sus amigas que "dio un salto en el crecimiento y se está comiendo la casa", también tiene un hambre sexual. Las mamás por lo general solo ven a un chico que pasa tiempo extra frente a la despensa de la cocina y murmura: "Me muero de hambreeeee", pero la verdad es que también se muere de hambreeee de sexo. Sé que esa idea resulta incómoda y usted no puede identificarse con ella, pero debemos aceptar las cosas como son si queremos entender el desafío que nuestros chicos enfrentan. El apetito sexual repentino de un chico se incentiva por un diluvio de testosterona que durante la pubertad inunda su sistema, literalmente. El único otro momento en que un varón experimenta un baño de testosterona de este tipo y magnitud es cuando está en el útero y el embrión recibe "un baño de testosterona" durante el sexto mes del embarazo, cortesía del cromosoma Y que su padre entregó. En su libro *Raising Sons and Loving It!* Gary y Carrie Oliver escriben: "Durante este baño de testosterona, el nivel de la misma es de 10 a 20 veces más fuerte en los varones que en las mujeres. El chico pre-adolescente y adolescente tendrá de cinco a siete oleadas de testosterona al día, un incremento que se marca con la tendencia a masturbarse frecuentemente, cambios de estado anímico y agresividad, querer dormir más, perder los estribos más a menudo, ser negativo y crítico, actuar como si anduviera con la cabeza en las nubes, y tener un mayor interés en el sexo".[4] Dudo en incluir que durante este baño de testosterona su pene (alias "willy") aumentará de tamaño tanto como ocho veces. Es probable que usted pudiera haber vivido sin esa información pero la comparto para enfatizar que es muy difícil para nuestros hijos escapar de

El apetito sexual repentino de un chico se incentiva por un diluvio de testosterona que durante la pubertad inunda su sistema, literalmente.

los cambios que están ocurriendo en sus cuerpos o del apetito sexual que ocurre como resultado.

En *Cómo entender a los hombres*, Kevin Leman señala: "Se dice que los hombres piensan en el sexo un promedio de 33 veces al día o dos veces por hora. Algunas personas dicen que las mujeres piensan en el sexo una vez al día, cuando los hombre lo piden".[5] Aunque eso pudiera provocar una risita, piénselo un instante. Trate de imaginar qué difícil debe ser para nuestros hijos (y esposos) ser sexualmente puros cuando viven en un mundo que está muy feliz de aprovechar sus retortijones de hambre sexual. El autor Rick Johnson añade: "A riesgo de perpetuar un estereotipo sobre los hombres, existe una posibilidad clara de que si las mujeres supieran cómo y en qué piensan los hombres, se negarían a estar en una misma habitación con ellos (uso el término *hombres*, pero se puede intercambiar con *chicos* desde el comienzo de la adolescencia y en adelante)." Él continúa diciendo: "Pensaría que son unos pervertidos. Los varones piensan en el sexo todo el tiempo. Los hombres incluso piensan en el sexo en los lugares más inadecuados como la iglesia o un funeral. La cosa más insignificante o inocente como la risa de una mujer, la curva de una pierna bien torneada, ciertos zapatos, perfumes, y otros miles de fragancias, imágenes y sonidos pueden disparar a los hombres. Durante la adolescencia, cuando las hormonas están en su apogeo, estos estímulos se intensifican."[6] Para aquellas de nosotras que estamos casadas, es bastante aleccionador asociar esta información con nuestros esposos, ¡mucho menos con nuestros chicos! ¡Dígame que no es así!

Hace poco estaba revisando algunas fotos antiguas de vacaciones familiares para separarlas por vacaciones. Mi esperanza era que un día tendría tiempo para ponerlas en álbumes (en lugar de sus bolsas tamaño galón). Nuestra familia tuvo la bendición de ir en un crucero al Caribe (regalo de mis suegros) que coincidió con el cumpleaños decimotercero de mi hijo menor. Había muchas fotos de él soplando las velas durante nuestra comida de cinco platos, todo incluido. Recuerdo que en aquel entonces yo pensaba que él todavía parecía un niño. Sí, yo sabía que había cambios al doblar la esquina, pues recordaba el proceso con mi hijo mayor, pero por ahora él todavía era mi niño.

Dos años después regresamos al mismo crucero, gracias a una tubería que se rompió y terminó antes de tiempo nuestro primer viaje. ¡Recibimos un crucero gratis como compensación por nuestro dolor y sufrimiento! Las fotos del segundo crucero estaban mezcladas con la pila de las fotos del crucero anterior, esta vez solo había algo diferente. El chico que se había convertido en un adolescente de manera oficial en aquel crucero ya no estaba. Algo así como desaparecido en combate. En su lugar había alguien que se parecía un poco a aquel chico: el mismo color de cabello, los mismos hoyuelos, el mismo hermano mayor y la misma hermana mayor, los mismos padres, pero él no parecía el mismo para nada. En dos cortos años pasó de parecer un chico a una versión nueva de aquel mismo muchacho, un hombre en miniatura, por decirlo de alguna manera.

No fue hasta que vi los dos grupos de fotos juntos que me di cuenta cuán rápidamente él había pasado de un chico a un joven. En dos cortos años nos había pasado tanto a su hermana como a mí en altura. Su cara se había estirado mucho ¡y ahora este nuevo hombre-niño hasta tenía músculos! ¡Creo que incluso vi vellos en sus axilas en una foto en la piscina! Y los cambios no eran solo por fuera. El hombre-niño de las fotos más recientes estaba menos interesado en jugar al tejo con su familia junto a la piscina en el segundo crucero. Otras cosas competían por su atención en la piscina. Incluso recuerdo que le escuché comentar con su hermano mayor: "¿Vista la chica que acaba de pasar?" ¿Perdón? Parece que fue ayer cuando yo estaba bañándolo con bloqueador solar en la piscina del barrio y distrayéndolo con golosinas y una caja de jugo, acostado sobre una silla reclinable. Ahora él estaba sentado en la silla reclinable y lo "distraían" otras cosas.

El breve tiempo en que los chicos se transforman en jóvenes es una etapa rara e incómoda para las mamás. Seamos honestas. Es más fácil ser la mamá de un *chico* que de un *hombre*. Nos resulta difícil aceptar que nuestros chicos en realidad crecen y llegan a lucir y comportarse como hombres. Como el tipo de "hombre" que pudiera estar un poco distraído cuando las chicas le pasan por el lado con unos biquinis súper chiquititos. La verdad es que necesitamos adelantar nuestras conversaciones durante esta oleada hormonal además de abastecer la alacena con mucha comida.

El breve tiempo en que los chicos se transforman en jóvenes es una etapa rara e incómoda para las mamás.

Educación sexual básica

La educación sexual debiera comenzar antes de que empiece la adolescencia. Al final de este capítulo he incluido algunos "datos sobre el sexo" que sugiero para tratar a lo largo de los años, empezando cuando nuestros hijos son pequeños y comienzan a sentir una curiosidad natural por sus cuerpos y las diferencias entre ellos y las niñas. Una vez que hablamos de la anatomía (al estilo de Vicki: los chicos tienen un "willy", y las chicas una "cuevita". Y sí, le hablé claro de esto último mucho antes de que él entrara en el mundo de la geografía), necesitamos darles fundamentos adecuados para conversaciones futuras. Me encanta el enfoque sobre la abstinencia sexual que asume la experta Pam Stenzel en su libro *Sex Has a Price Tag: Discussions about Sexuality, Spirituality, and Self-Respect*. Esto es lo que dice en resumen:

1. Los seres humanos no crearon el sexo. Dios lo creó.
2. Ya que Dios creó el sexo, él es quien mejor lo entiende.
3. Ya que Dios entiende el sexo mejor que nadie, una persona que quiere tener buenas relaciones sexuales (¿y por qué alguien querría tener relaciones sexuales de mala muerte?) necesita saber lo que dice Dios sobre el sexo.[7]

Una vez que su hijo está claro en lo básico con relación al propósito del sexo y la perspectiva de Dios sobre el mismo, ya está listo para incorporar en sus conversaciones algo de la información que trataremos en los capítulos siguientes, según sienta que su hijo está preparado. Desglose la información en conversaciones pequeñas en lugar de presentarle toda la información del capítulo de una vez. Continúe con las conversaciones según el paso de los años, aproveche los momentos para enseñar según se presenten. Un buen principio para recordar cuando se trata de hablar del sexo es "mantener la conversación sencilla y continua".

En algún momento entre las edades de diez y doce años los niños deben recibir una definición básica sobre el sexo de parte de sus padres antes de que la escuchen de otras fuentes no confiables. Algunos padres esperan una señal de parte de sus hijos antes de comenzar la conversación sobre el sexo. Esto es un poco riesgoso ya que algunos niños son más callados que otros y pudieran rehuir a hacer preguntas a sus padres sobre el sexo. Usted sabe mejor que nadie cuándo su hijo muestra señales de estar listo, pero yo recomiendo que inicie la conversación sobre las relaciones sexuales antes de que entre en la escuela intermedia o antes las primeras señales de la adolescencia, lo que venga primero.

Esto se cumple sobre todo si su hijo está en una escuela pública y/o tiene un hermano o hermana mayor y por tanto ha sido expuesto a temas de más madurez. Sin embargo, no deje que eso sea su único barómetro. Una mamá hace poco me contó una historia sobre su hijo de ocho años (el mayor de sus tres hijos), a quien ella tenía muy protegido, él se coló en la computadora de la familia y buscó en Google "¿qué es el sexo?" Su esposo lo descubrió cuando revisaba la historia de la computadora y se quedaron pasmados de que el "sexo" de alguna manera hubiera llegado al radar de su hijo. Cuando le preguntaron dónde lo había escuchado, él les dijo con toda naturalidad: "de mis amigos". Es un equilibrio tedioso porque queremos proteger la inocencia de nuestros hijos tanto como sea posible, y sin embargo, al mismo tiempo, queremos que escuche información adecuada sobre el sexo para que no queden mal informados por fuentes ajenas.

Cuando me pareció que era un buen momento para tratar el tema con mis hijos, dije algo así: "Hijo, tengo que hablar contigo de algo importante. En algún momento en los próximos años vas a escuchar cosas sobre el sexo de parte de tus amigos, o en la televisión, o en algún otro lugar. (Esto supone que a estas alturas su hijo ya ha recibido la definición básica sobre la palabra *sexo*. Si no, ¡usted tendrá que añadir eso a la conversación!) El asunto es este: algunas de las cosas que escuches no serán verdad, y quiero que sepas lo que Dios tiene que decir con relación al sexo porque fue él quien lo creó. Así que prométeme algo. Si escuchas algo, quiero que vengas y hables conmigo o con tu papá, ¿está bien? ¿Trato hecho?" luego le pregunté a mi hijo si había escuchado algo sobre el sexo y me aseguré de que supiera que era un tema que podía tratar sin problemas. Y sí, mis dos hijos reconocieron que ya habían escuchado algo sobre el sexo de parte de otras fuentes. Así que comenzó nuestra conversación.

Mi filosofía personal es que una vez que los chicos llegan a la escuela intermedia y quedan expuestos a innumerables influencias externas con relación al sexo, es bueno hablar de *todo*. Por ejemplo, cuando mi hijo menor, Hayden, estaba en octavo grado, hablamos de la lujuria. Yo sabía que eran el momento de hablar al respecto cuando una tarde llevé a Hayden a comprar helado en una farmacia después de la escuela. Estacioné enfrente, le di dinero y le dije que yo esperaría en el auto. Cinco minutos después salió de la tienda con un dulce en mano. Cuando entró al auto le dije: "¿Cambiaste de idea en cuanto al helado?" El sonrió un poco tímido y dijo: "¿Viste la chica súper atractiva que salió antes que yo?" Le contesté que no y él continuó. "Bueno, yo iba hacia el congelador a buscar el helado cuando por el rabillo del ojo vi a esta chica lindísima que estaba en el pasillo de los caramelos. Así que decidí comprar mejor un caramelo". Estaba claro que el chico estaba en proceso de ser bañado por una lluvia fuerte de testosterona.

Aunque pudiera parecer extraño que mi hijo menor fuera tan abierto con relación a fijarse en una chica atractiva y querer mirarla de nuevo, sepa que mi esposo y yo hemos trabajado diligentemente para fomentar un ambiente seguro en el que él pueda hablar de los cambios y sentimientos que está experimentando. Su libertad para ser honesto me dio la oportunidad de darle algunas herramientas para impedir que esas "miradas curiosas" lleguen a convertirse en "lujuria total". El autor Rick Johnson dice: "La lujuria es una lucha constante y aquellos hombres que escogen vivir una vida de pureza sexual enfrentan una batalla poderosa. Estoy convencido de que la mayoría de las mujeres no comprenden la intensidad de esas batalla, sobre todo porque las mujeres no son estimuladas a nivel visual como los hombres."[8] En honor a la verdad, no puedo ni empezar a entender la batalla que mis hijos (o mi esposo) enfrentan cuando se trata de la lujuria y su deseo sexual, pero al estar más consciente del desafió puede ser más capaz de darles gracia y comprensión en lugar de condenación.

Y cuando se trata de hablar con nuestros hijos sobre la pureza sexual, tenga en mente que su voz será la más alta que ellos escuchen incluso si usted cree que no le están escuchando. Una encuesta descubrió que el 88 por ciento de los adolescentes dijo que sería más fácil posponer la actividad sexual y evitar los embarazos en la adolescencia si pudieran tener conversaciones más honestas y abiertas sobre el sexo con sus padres. Resulta interesante que el mismo estudio descubrió que solo el 32 por ciento de los padres encuestados cree que ellos tienen la mayor influencia en las decisiones de sus hijos adolescentes en cuanto al sexo.[9] Me resulta triste que la mayoría de los padres no se den cuenta de el poder que tienen para influir sobre sus hijos cuando se trata de la salud sexual. Sin dudas ellos serán bombardeados a diario con mentiras sobre el sexo de parte de los medios de comunicación y de sus compañeros. Nuestros hijos necesitan conocer el secreto de tener "relaciones sexuales realmente buenas", el tipo de sexo que Dios diseñó. ¿Les contará usted?

El 88 por ciento de los adolescentes dijo que sería más fácil posponer la actividad sexual y evitar los embarazos en la adolescencia si pudieran tener conversaciones más honestas y abiertas sobre el sexo con sus padres.

Extra: Educación sexual a través de los años

Encontré los siguientes consejos de la Clínica Mayo que pudieran ser útiles para desglosar las conversaciones según la edad y el nivel de comprensión.[10]

De 18 meses a 3 años de edad

Los niños comienzan a aprender sobre sus propios cuerpos. Enseñe a su hijo los nombres adecuados para sus órganos sexuales. De lo contrario puede tener la idea de que hay algún problema con estas partes del cuerpo. (*¡Ay, soy culpable en esto!*)

De 3 a 4 años

Aproveche las oportunidades cotidianas para hablar del sexo. Si hay un embarazo en la familia, por ejemplo, dígales a los niños que los bebés crecen en un lugar especial dentro de la mamá. Si sus hijos quieren saber más detalle de cómo el bebé llegó hasta allí, o de cómo nacerá, dígales. Considere estos ejemplos:

- ¿Cómo llegan los bebés a la barriga de la mamá? Usted pudiera decir: "Una mamá y un papá hacen al bebé abrazándose de una manera muy especial".
- ¿Cómo nacen los bebés? Para algunos niños pudiera ser suficiente decir: "Los médicos y las enfermeras ayudan a los bebés que están listos para nacer".
- ¿De dónde vienen los bebés? Trate de dar una respuesta simple y sencilla como: "Los bebés crecen en un lugar especial dentro de la mamá". A medida que su hijo madura, puede añadir más detalles.

Enseñe a su hijo que las partes del cuerpo que están cubiertas por el traje de bajo son privadas y nadie debe tocarlas sin permiso.

De 5 a 7 años

Las preguntas sobre el sexo se volverán más complejas a medida que su hijo trate de entender la relación entre la sexualidad y hacer bebés. Puede que acudan a amigos en busca de estas respuestas. Ya que los niños pueden tomar información equivocada sobre el sexo y la reproducción, lo mejor sería preguntar qué sabe su hijo sobre determinado tema antes de que empiece a explicárselo.

De 8 a 12 años

Los niños entre los ochos y los doce años se preocupan mucho por si son "normales". Los niños de la misma edad maduran a velocidades completamente diferentes. Asegúrele a su hijo que está muy bien dentro del rango normal de desarrollo.

De 13 años en adelante

La Academia Norteamericana de Pediatría recomienda que los niños deben tener un entendimiento básico de lo siguiente antes de que lleguen a la pubertad:[11]

- Nombre y funciones de los órganos sexuales masculinos y femeninos.
- Lo que sucede durante la pubertad y lo que significan los cambios físicos de la pubertad, pasar a ser un joven o una joven.
- La naturaleza y propósito del ciclo menstrual.
- Qué es el contacto sexual y cómo salen embarazadas las mujeres.
- Cómo prevenir el embarazo.
- Las relaciones entre personas del mismo sexo.
- La masturbación.
- Actividades que propagan las enfermedades de transmisión sexual (ETS), en particular el SIDA.
- Sus expectativas y valores.

A continuación un cuadro que encontré en el libro de Rick Johnson *That's My Son* y que también pudiera resultarle útil a usted:

Hablar de educación sexual con sus hijos:[12]	
Edad	**Temas**
Preescolar	No castigue a sus hijos por tocarse sus genitales. Explique qué son las partes pudendas o privadas y lo que eso significa.
Escuela primaria	Hable sobre temas de procreación en términos generales y adecuados para la edad. Hable con las niñas sobre la menstruación antes de que entren en la adolescencia. Hable con los varones sobre la masturbación en términos generales a una edad relativamente temprana.
Adolescencia:	Enseñe responsabilidad y dominio propio. Enseñe que sexo no es solo el contacto sexual. Enseñe que la intimidad sexual tiene consecuencias profundas. Enseñe que está bien decir que no al sexo hasta que estén casados. Enseñe que el sexo no es la parte más importante de una relación amorosa.

CAPÍTULO NUEVE

Diviértete ahora, paga después

Hace varios años me tomó por sorpresa cuando mi hijo menor (entonces en octavo grado) entró al auto después de la escuela y comenzó a descargar por una conversación frustrante que había tenido ese día durante el almuerzo. "Algunas de las chicas de mi año están tan confundidas", dijo con un aire de repugnancia en su voz. Explicó que estaba sentado con sus amigos en el almuerzo y dos de las chicas del grupo sacaron el tema del sexo. Hace ya un tiempo que yo pasé por octavo grado pero estoy bastante segura de que el sexo no estaba entre la lista de temas aceptados para la mesa del almuerzo. Se entendía que temas como el juego de la botella o los rumores que fulanita besó a menganito quedaban reservados para las divagaciones de media noche en una reunión solo para chicas en casa de alguna amiga. Nunca hubiéramos imaginado hablar de tales asuntos, sobre todo en presencia de los varones.

Mi hijo me explicó que la conversación comenzó cuando una "chica popular" hizo la pregunta: "Entonces, ¿en qué grado creen que estarán cuando tengan relaciones sexuales en la secundaria?" Y entonces empezó el debate cuando las chicas comenzaron a pensar si debían perder su virginidad en noveno, décimo, onceno o duodécimo grado. ¡Increíble! Por fin mi hijo dijo que no lo aguantaba más y soltó la idea novedosa de esperar hasta el matrimonio. Y sí, adivinó, se rieron de él, se burlaron y lo avergonzaron. “Hayden, ¡nadie espera hasta le matrimonio! ¡Tooooodo el mundo practica el sexo en la secundaria!”, respondieron las chicas.

Y así es el mundo en que vivimos. Un mundo en el que Hollywood, el hip-hop, y los padres que hibernan han dejado a nuestros hijos pensando que el sexo es algo que uno borra de la lista de pendientes al llegar al décimo u onceno grado solo con bostezar y encogerse de hombros. No estoy segura de qué fue más doloroso al escuchar el relato que hizo mi hijo de la conversación del almuerzo aquel día: las actitudes torcidas entre las chicas de octavo grado en su mesa o el hecho de que mi hijo fue sometido a las actitudes torcidas entre las chicas de octavo grado en la mesa del almuerzo. Al final llegué a la conclusión de que al menos le ayudó a encontrar su voz y defender sus creencias. Solo oro para que se mantenga fuerte en sus convicciones incluso cuando sus hormonas están descontroladas y voten para que él “lo haga”. ¿Cómo se supone que un joven sobreviva con su virginidad intacta cuando está expuesto a chicas que están más que dispuestas a entregarla y han marcado sus calendarios con una fecha en mente?

Si yo tuviera que resumir el mensaje de la cultura con respecto al sexo, coincidiría con la opinión que dio un cliente en Amazon sobre uno de mis libros para chicas adolescentes. Al parecer mi sugerencia de que Dios creó el sexo para los límites del matrimonio no le cayó bien a una lectora quien le dio a mi libro una estrella y ofreció los comentarios siguientes: “El 90 por ciento de la población mundial tendrá relaciones sexuales antes de casarse… La gente siempre querrá tener relaciones sexuales, ¡está en la naturaleza humana!”

Lamentablemente no incluyó el versículo bíblico de donde sacó esa sabiduría…oh, espere, no hay ninguno. Aunque yo pudiera estar de acuerdo con que es natural para el ser humano querer tener relaciones sexuales, no estoy segura de entender su lógica cuando supone que debido a que el 90 por ciento de la población del mundo tendrá relaciones sexuales antes de casarse, entonces está bien. La mayoría de los norteamericanos también tienen deudas y son obesos, así que supongo que ¿eso también está bien? Y me pregunto si el 90 por ciento de la población se lanzara de un puente, ¿se les uniría la lectora mencionada? Tal vez Dios nos creó con una “naturaleza humana” que quiere tener relaciones sexuales para que pueda disfrutarse en el matrimonio y servir como un medio para procrear en el mundo. Y tal vez el 90 por ciento de la población no siguió su plan para el sexo, y optó por escribir sus propias reglas para el juego. Cuando se trata de las relaciones sexuales, las reglas del juego del mundo son sencillas: Está bien tener relaciones sexuales siempre y cuando sean mutuas y protegidas. Hazlo… pero de manera "segura". Su hijo escuchará ese mensaje una y otra vez, día tras día.

La triste estado de las cosas

Alrededor de cuatro de cada diez adolescentes norteamericanos que nunca se han casado, entre los 15 y los 19 años, han tenido relaciones sexuales al menos una vez en su vida, según los Centros para el Control de Enfermedades.[1] Después de la secundaria, el 80 por ciento de los estudiantes universitarios (de 18 a 24 años) se han involucrado en relaciones sexuales.[2] Según Lawrence Finer, el director de investigaciones domésticas en el Instituto Guttmacher, una organización sin fines de lucro basada en la ciudad de Nueva York que estudia la salud reproductiva y sexual, "la realidad de la situación es que la mayoría de las personas han tenido relaciones sexuales antes del matrimonio, y eso ha sido así durante varias décadas".[3] El estudio, que utilizó estadísticas de la Encuesta Nacional sobre el Crecimiento Familiar en 1982, 1988, 1995, y 2002, preguntó a unas 40 mil personas, entre los 15 y los 44 años sobre su conducta sexual y concluyó que las tendencias de sexo premarital se remontan a la década de 1950. De los entrevistados en 2002, el 95 por ciento dijo que había tenido relaciones prematrimoniales y el 93 por ciento dijo que lo habían hecho antes de los 30 años.[4]

Alrededor de cuatro de cada diez adolescentes norteamericanos que nunca se han casado, entre los 15 y los 19 años, han tenido relaciones sexuales al menos una vez en su vida.

Sin dudas estamos hechas para la tarea cuando se trata de animar a nuestros hijos a guardar el sexo para el matrimonio. Yo no escribí este capítulo para deprimirla sino más bien para implorarle que lidie con el enorme problema que está sentado en medio de la sala de su casa. Tenemos que tener conversaciones francas y atrevidas con nuestros hijos para equiparlos en la batalla que enfrentan. Dios sabía lo que hacía cuando creó el sexo para los límites del matrimonio. Depende de nosotros educar a nuestros hijos en el por qué de dichas reglas.

Lo que los medios NO le dicen a su hijo con respecto al sexo

Cada día su hijo es bombardeado con mensajes relacionados con el sexo. ¿Cuándo fue la última vez que usted vio una escena en televisión o en una película que, luego de destacar el sexo fuera del matrimonio, mostró a los personajes lidiando con la noticia de un embarazo no deseado? ¿Qué si el programa de televisión o la película reflejaran la realidad de que un cuarto de los adolescentes sexualmente activos tiene una ETS, y mostrando a un cuarto de sus personajes contrayendo una ETS? ¿Qué si los medios mostraran la repercusión de contraer una ETS, como llenarse de valor para contarle a la pareja o, para el caso, a sus futuras parejas? ¿O qué si los medios mostraran el descubrimiento de que dos tercios de los adolescentes sexualmente activos se arrepiente de su decisión de tener relaciones sexuales y quisieran haber esperado más.[5]

Así que la mentira continúa pregonándose día tras día, y dejando a nuestros hijos con la impresión de que el sexo no es más que un pasatiempo recreativo. Sin consecuencias, sin compromisos. Pero *sí* hay consecuencias y *sí* hay compromisos. Es ahí donde nosotros jugamos un papel. Tenemos que ser diligentes al exponer las mentiras y contrarrestarlas con las verdades de Dios.

Además de ignorar la repercusión de tener relaciones sexuales fuera del matrimonio, los medios tampoco hablan de los beneficios de las relaciones sexuales en el matrimonio. Piénselo. ¿Cuándo fue la última vez que escuchó un reportaje noticioso que diga que los que se abstienen de tener relaciones sexuales fuera del matrimonio tienen las mejores relaciones sexuales una vez que se casan? El Consejo para investigaciones Familiares encuestó a once mil personas acerca de su satisfacción sexual y descubrió que el 72 por ciento de los "tradicionalistas (aquellos que 'creen firmemente que el sexo fuera del matrimonio está mal') dijeron tener una mayor satisfacción sexual. Los 'tradicionalistas' anotaron un 31 por ciento de puntos más altos que el nivel registrado por los 'no tradicionalistas' solteros (aquellos que no tienen objeciones o muy pocas al sexo fuera del matrimonio), y 13 por ciento de puntos más que los no tradicionalistas casados."[6]

Y la cosa se pone mejor. Un estudio del Instituto Nacional de Investigaciones para la Asistencia Médica comprobó que las parejas que no duermen juntas antes de casarse y que son fieles durante el matrimonio están más satisfechas con su vida sexual actual (y también con sus matrimonio) en comparación con aquellas que se involucraron sexualmente antes de casarse.[7]

Las parejas que no duerme juntas antes de casarse y que son fieles durante el matrimonio están más satisfechas con su vida sexual actual

Me pregunto cuántos jóvenes escogerían abstenerse si supieran que la recompensa será mayores probabilidades de un matrimonio duradero, monógamo y que satisface a nivel sexual.

Por supuesto, usted no escucha a los medios de comunicación destacar ninguno de los datos anteriores. La cultura seguirá diciéndoles a nuestros hijos que el sexo es una parte natural y normal de la vida. Gritarán y pelearán por abolir la educación sexual basada en la abstinencia y seguirán pregonando el mensaje del "sexo seguro" hasta las náuseas. Es imperativo que como madres aprovechemos al máximo y compartamos con nuestros hijos los detalles que la cultura se niega a tratar. A menos que expongamos el pensamiento erróneo que yace tras el mensaje de sexo libre que tiene la cultura, y la repercusión que viene al creerlo, será imposible tratar con nuestros hijos de manera adecuada el tema del sexo fuera del matrimonio. No es suficiente decir a nuestros hijos "espera porque Dios lo dice". Sería bueno si fuera tan fácil. La verdad es que el mensaje de que Dios creó el sexo para el matrimonio a menudo queda ahogado por hormonas feroces, la presión del grupo y un mensaje constante de parte de la cultura que dice "todo el mundo lo hace". Nuestros hijos merecen saber todos los hechos antes de tomar la decisión de tener relaciones sexuales fuera del matrimonio.

La repercusión de no esperar: física, emocional y espiritual

En este capítulo me voy a concentrar en tres aspectos de la repercusión que tendremos que enfatizar a nuestros hijos una y otra vez.

Ya que en la actualidad los chicos quedan expuestos al sexo a una edad mucho más temprana que en el pasado, yo recomiendo personalmente presentar los tres aspectos de la repercusión en algún momento entre los grados quinto y séptimo. Si su hijo no está expuesto a hermanos o hermanas mayores, y no tiene una inclinación a ser sociable, y tiene contacto limitado con la televisión, los medios de comunicación y el Internet, quizá pueda esperar hasta el séptimo y octavo grados. Si su hijo todavía no comenzó el quinto o sexto grado, ¡eso no quiere decir que usted pueda saltarse este capítulo! Los años antes de la escuela intermedia son cruciales y deben usarse para fomentar un marco centrado en el diseño de Dios para el sexo. Es decir, véalo como un proyecto de construcción. En los primeros años (pre-escolar a jardín de infantes), debe ponerse el cimiento al responder las preguntas básicas de nuestros hijos (por ejemplo, ¿por qué los niños y las niñas son diferentes? ¿De dónde vienen los niños?). En la escuela primaria debemos comenzar a construir la armazón de ese cimiento al ofrecer a nuestros hijos más detalles en las preguntas que puedan tener, y desarrollar una línea de comunicación abierta (como tratamos en el capítulo 8). Cuando llegan a la escuela intermedia, el trabajo inicial debe haberse completado (el cimiento y la armazón), para que pueda completarse el resto del proceso de construcción. En esta etapa nada está fuera de lugar a la hora de conversar y debemos estar preparadas para reaccionar a las cosas a las que nuestros hijos quedan expuestos y que de manera abierta contradicen el diseño de Dios para el sexo. Además de aprovechar los momentos para enseñar, también tendremos que iniciar conversaciones programadas acerca del sexo. Observe que nuestra posición tiene que tomar la iniciativa. Nosotras somos las constructoras. No debemos esperar a que nuestros hijos se nos acerquen (la mayoría no lo hará) y nos pregunten para asumir el papel de maestra de obras. Ni tampoco le cedemos el papel al ministro de jóvenes de nuestros hijos y suponemos que ellos se encargarán del asunto. No podemos delegar la tarea. Es nuestra responsabilidad establecer el cimiento, construir la armazón y terminar el proyecto, preferiblemente antes de que nuestros hijos abandonen el nido.

Aunque algunos chicos pudieran escoger derrumbar lo que hemos construido, una vez que están fuera de nuestra enseñanza/supervisión, nuestra tarea es guiarlos de manera fiel y diligente en la verdad de Dios con relación al sexo.

Cada año en los Estados Unidos se detectan diez millones de casos nuevos de enfermedades de transmisión sexual (ETS) en jóvenes de 15 a 24 años de edad.

La información que aparece a continuación ha sido probada en mis propios hijos y están tan versados en la misma ¡que pudieran haber escrito fácilmente esta porción del capítulo!

Repercusión física

Cada año en los Estados Unidos se detectan diez millones de casos nuevos de enfermedades de transmisión sexual (ETS) en jóvenes de 15 a 24 años de edad.[8] Cada año una de cada cuatro adolescentes activas sexualmente es diagnosticada con una ETS.[9] Entre las adolescentes sexualmente activas, aproximadamente el 40 por ciento tiene una ETS.[10] Lea esa última oración y piense por un minuto el impacto que esa estadística tiene en nuestros hijos si ellos deciden "hacerlo". Yo les he enseñado a mis hijos que un momento de debilidad puede llevar a toda una vida de remordimiento. Sume a la ecuación que la mayoría de las chicas ni siquiera saben que tienen una ETS y nos hemos metido en un verdadero problema. Aunque a menudo escuchamos las consecuencias que pueden resultar de una ETS sin detectar en las chicas, como cáncer del cuello del útero e infertilidad, los chicos con ETS no quedan impunes. Las seis ETS más comunes en los hombres son el VIH/SIDA, gonorrea, clamidia, virus del herpes simplex 2, VPH y sífilis. Algunas producen inflamación de los testículos, la próstata y la uretra (clamidia); verrugas genitales y un mayor riesgo de cáncer en el pene, el ano y el recto (VPH); o daños al cerebro, el sistema cardiovascular y muchos otros órganos en el cuerpo (sífilis sin tratamiento).[11]

Pero las ETS no son la única posible consecuencia física del sexo fuera del matrimonio. Seis de cada diez embarazos que involucran a padres adolescentes terminan en un nacimiento, lo que garantiza un cambio en la trayectoria completa de la vida de un chico. La autora Pam Stenzel dice en su libro *Sex Has a Price Tag:* "Un padre adolescente terminará pagando un total entre $50,000 y $250,000 (en dependencia de sus ingresos) durante los próximos 18 años" para mantener un hijo.[12] Ella relata la historia siguiente que implica a un joven que conoció durante un evento realizado en una escuela secundaria:

Hace unos años hablé en una escuela secundaria al norte de Minnesota. Cuando terminé, un chico popular de último año se puso en pie y reconoció ante sus compañeros por primera vez que él era papá. El verano antes había tenido relaciones sexuales con una chica cuya familia estaba de vacaciones en la zona. Solo tuvieron relaciones una vez. Ninguno pensó que volvería a ver al otro de nuevo. No tenían más planes que pasar un buen tiempo durante una noche de las vacaciones de verano.

Él trabajaba en un Burger King del pueblo. De cada salario le quitaban dinero para ayudar a mantener a su hijo. Y eso seguirá siendo así en cada trabajo que él tenga durante los próximos 18 años.[13]

Ella terminó haciendo esta pregunta a los chicos adolescentes del público: "Muchachos, ¿qué le dirán a la chica con la que quieran casarse un día si ya tienen un hijo? 'Ah, por cierto, durante los próximos diez años una parte de mi salario será usado para proveer para mi primer hijo, así que tendremos que ajustarnos a un presupuesto muy estrecho.'"[14] Algo para pensar y sin dudas algo que necesitamos compartir con nuestros hijos en un esfuerzo por ayudarles a entender mejor las consecuencias físicas a largo plazo del sexo fuera del matrimonio, incluso si el sexo ocurre solo una vez.

Repercusión emocional

Uno de los incentivos más poderosos para dejar el sexo para el matrimonio es la relación entre la oxitocina y la actividad sexual. ¿Qué es la oxitocina, pudiera preguntarse usted? La oxitocina es una hormona mensajera que es enviada por el cerebro de la mujer al útero y a los senos para inducir el parto, así como para producir la leche después de que el bebé nace y así preparar el proceso para la lactancia. Pero, esto es lo interesante, la oxitocina también se libera durante la actividad sexual.[15] La oxitocina es la "hormona de la unión" que no solo conecta a la madre con el hijo sino también al esposo con la esposa. Además de unir, la oxitocina aumenta la confianza.[16] El tipo de confianza que dice que la persona con la cual usted ahora se ha "unido" estará a su lado. Siempre, para siempre. Hasta que la muerte los separe.

El psicólogo Jess Lair de la Universidad Estatal de Montana describe el proceso de unión que ocurre durante la relación sexual de esta manera: "La unión sexual incluye poderosos lazos emocionales, psicológicos y físicos, tan fuertes que las dos personas se vuelven una, al menos por un momento. El acto sexual es una unión física intensa, aunque breve, que deja marcas indelebles en los participantes... Creer que alguien puede salir de una experiencia sexual sin haber sido tocado es peligrosamente ingenuo".[17]

A la luz de la información con respecto a la oxitocina, considere ahora el diseño de Dios para el matrimonio cuando dice: "Por tanto, dejará el hombre a su padre y a su madre, y se unirá a su mujer, y serán una sola carne" (Génesis 2:24). Otras referencias al acto del sexo como unión del esposo y la esposa en "una sola carne" aparecen en Mateo 19:5; Marcos 10:8; y Efesios 5:31. Pero, ¿y si el sexo ocurre con alguien que no se convertirá en el cónyuge de la persona? ¿Se producirá esa misma "unión? Considere lo que dice 1 Corintios 6:16: "¿O no sabéis que el que se une con una ramera, es un cuerpo con ella? Porque dice: Los dos serán una sola carne" No debiera sorprendernos entonces que el descubrimiento científico sobre la oxitocina respalda el diseño de Dios para el sexo: Está reservado para un esposo y esposa en los límites del matrimonio. Dios creó la oxitocina como un "pegamento" que ayuda a unir a la madre y al hijo y al esposo y la esposa. El sexo fuera del matrimonio provoca un cortocircuito en el diseño de Dios para el sexo, desencadena una confianza y unión prematuras que probablemente no duren. Y cuando esa unión se rompe, tiene una repercusión emocional para todas las partes involucradas. Meg Meeker, pediatra y autora de *Boys Should Be Boys*, señala que los varones no están exentos de la repercusión emocional que tiene el sexo fuera del matrimonio.

> Viajo a lo largo del país y hablo a grupos de adolescentes sobre el sexo y sus riesgos médicos. He observado que los chicos de onceno y duodécimo grados se inclinan hacia adelante en sus asientos no cuando describo los peligros de las enfermedades de transmisión sexual sino cuando hablo de los costos emocionales asociados con las relaciones sexuales sin casarse. Lo que he descubierto es que mientras que las chicas expresan su sentido de pérdida, los chicos no lo hacen pero lo sienten con la misma intensidad. Y lo que es más, los costos emocionales de las relaciones sexuales son algo que los varones no esperaban. Ellos sienten como que nunca les dijeron que el sexo puede producir dolor emocional.[18]

En *Hooked*, los autores Joe McIlhaney, M.D., y Freda McKissic Bush, M.D., señalan que este proceso neuroquímico que ocurre en los hombres durante el acto sexual "produce una unión parcial con cada mujer con la que tienen relaciones."[19] "Ellos no se dan cuenta de que tener relaciones sexuales con una mujer y luego separarse, y después tener relaciones con otra mujer los limita a experimentar solo una forma de actividad cerebral común a los seres humanos involucrados sexualmente, el arrebato de dopamina del sexo".[20]

Además señalan: "La persona que va de un compañero sexual a otro hace que su cerebro se moldee y gelifique de manera que a la larga comienza a aceptar ese patrón sexual como algo normal. Para la mayoría de las personas este patrón cerebral parece interferir con el desarrollo de los circuitos neurológicos necesarios para las relaciones a largo plazo que en la mayoría de las personas producen matrimonios estables y desarrollo familiar".[21]

Cuando se trata de la salud emocional de nuestros hijos, el camino más saludable es dejar el sexo para el matrimonio.

Dado el poder de la oxitocina y el vínculo emocional que crea, no debiera sorprendernos que en un estudio reciente sobre adolescentes activos sexualmente se descubriera que tanto los varones como las mujeres que han tenido relaciones sexuales son tres veces más propensos a estar deprimidos que sus amigos que todavía son vírgenes. Las chicas que se vuelven sexualmente activas son tres veces más propensas a cometer suicidio que sus amigas vírgenes, mientras que los chicos activos sexualmente eran siete veces más propensos a intentar el suicidio.[22] He compartido la información sobre la oxitocina con mis dos hijos y parece haber tenido un impacto en ellos. De hecho se me conoce por haber sometido a algunos de sus amigos a un tutorial sobre la oxitocina de vez en cuando. (¡Qué suerte tuvieron!) El sexo fuera del matrimonio puede producir un dolor y angustia indecibles. Cuando se trata de la salud emocional de nuestros hijos, el camino más saludable es dejar el sexo para el matrimonio.

Repercusión espiritual

Además de las posibles consecuencias físicas y emocionales asociadas con las relaciones sexuales fuera del matrimonio, muchos adolescentes también experimentan consecuencias espirituales. Los hijos que se crían en la iglesia y se les enseña el plan divino de Dios para el sexo saben en sus corazones que está mal tener relaciones sexuales fuera del matrimonio. Sin embargo, muchos ceden a la tentación y caen en un espiral de culpa y condenación. Muchos prometerán dejar de tener relaciones para tratar de volver a conectarse con Dios, pero vuelven a caer y comenzar el ciclo de nuevo. En breve el ciclo de culpa comienza a definir la relación con Dios. El tiempo de oración se pasa en confesar y pedir a Dios perdón o suplicarle fuerza para soportar la tentación. Y si las recaídas continúan, en poco tiempo se establece una sensación de derrota y se hace más difícil "[acercarse], pues, confiadamente al trono de la gracia, para alcanzar misericordia y hallar gracia para el oportuno socorro" (Hebreos 4:16). Tal vez esta es la razón por la cual Dios nos dice: "el cuerpo no es para la fornicación, sino para el Señor, y el Señor para el cuerpo." (1 Corintios 6:13).

En el próximo capítulo hablaremos de otras maneras en que podemos edificar la línea de defensa que hemos tratado en este capítulo y, todavía más importante, animar a nuestros hijos a vigilar sus corazones por sobre todas las cosas. Mientras más destaquemos la evidencia de que el sexo fuera del matrimonio tiene consecuencias físicas, emocionales y espirituales, más probabilidades tendrán nuestros hijos de comenzar a entender el por qué de los estándares de Dios con relación al sexo.

CAPÍTULO DIEZ

Apúrate y espera

El año pasado hablé a las chicas del grupo de jóvenes de mi iglesia sobre los desafíos de tener relaciones sexuales antes del matrimonio. Antes de hablarles, les di una encuesta para que la llenaran (de manera anónima) y me la devolvieran para tener una sesión de preguntas y respuestas al final del evento. Una de las preguntas que yo hice a las 64 chicas fue si uno o ambos de sus padres les habló sobre sexo en algún momento en los últimos años. Expliqué que esta pregunta incluía todas las oportunidades que hayan tenido,desde conversaciones formales, un viaje de fin de semana, una conversación informal en el auto o un momento en el que mamá o papá aprovecharon para enseñarles algo en base a un mensaje sobre el sexo de parte de los medios de comunicación. Era una pregunta de selección múltiple para medir cuántas conversaciones mamá o papá habían iniciado a lo largo de los años con relación al sexo. Les di las siguientes opciones como respuestas: ninguna, 1–3, 4–10, 10 o más. De 64 chicas que van a la iglesia, solo tres respondieron "10 o más". De hecho, la enorme cantidad de dos tercios de las chicas respondió "ninguna' o "1-3". Tenga en cuenta que estas chicas estaban en un rango de séptimo a duodécimo grados y, en la mayoría de los casos, tenían padres que eran asistentes regulares de la iglesia y muy involucradas en actividades fuera de la iglesia (de ahí su fiel asistencia a mi charla un sábado en la mañana). Sus preguntas en la encuesta también indicaban que, a pesar de recibir poca información sobre el sexo de parte de mamá o papá, habían escuchado mucho sobre el tema de parte de fuentes externas. Dado que las mamás tienden a ser más comunicativas que los papás, y por tanto, se sienten más cómodas hablando con sus hijas sobre el sexo, supongo que las conversaciones con los varones son muy escasas o inexistentes.

Es por eso que le alabo por haber escogido este libro, pues eso indica un deseo de su parte de ser una madre involucrada que se interesa por tener conversaciones importantes con sus hijos varones. Entiendo que iniciar una conversación sobre el sexo puede ser un poco incómodo, sobre todo cuando se trata de nuestros hijos varones. Por favor, no se quede callada en este tema. Incluso si usted tiene la bendición de tener un esposo que ha asumido el liderazgo en iniciar conversaciones cruciales con su hijo acerca del sexo, su voz sigue siendo importante y muy necesaria. No es suficiente dejar a su hijo de escuela intermedia o secundaria en un retiro de fin semana en la iglesia y depender del ministro de jóvenes para que eduque a los alumnos sobre los estándares de Dios con relación al sexo. Usted y su esposo son los primeros encargados de su hijo en todos los asuntos espirituales.

Un estudio tras otro confirma que existe un vínculo directo entre los padres involucrados e interesados y los hijos que toman decisiones sabias. No dude jamás del poder que usted tiene para influir en su hijo cuando se trata de la pureza sexual. Un estudio indica que los adolescentes de octavo a onceno grado que perciben que su madre no está de acuerdo con que se involucren en relaciones sexuales son más dados que sus compañeros a demorar la actividad sexual.[1]

No dude jamás del poder que usted tiene para influir en su hijo cuando se trata de la pureza sexual.

Además, la "Campaña nacional para prevenir el embarazo en la adolescencia" realizó una encuesta entre mil jóvenes de 12 a 19 años y 1,008 adultos de 20 años en adelante y descubrió que el 45 por ciento de los adolescentes dijeron que sus padres influyen más en sus decisiones con relación al sexo en comparación con el 31 por ciento que dijo que sus amigos son la mayor influencia. Solo para el 7 por ciento los líderes religiosos tenían la mayor influencia mientras que los maestros y maestros de educación sexual ocupaban un 6 por ciento y los medios de comunicación un 4 por ciento.[2]

Un estudio descubrió que los adolescentes que "se sienten muy en sintonía con sus padres y afirman que sus padres son cariñosos, que se interesan y que les apoyan, son mucho más propensos a demorar la actividad sexual que sus compañeros".[3] Otro estudio sin relación con este descubrió que las relaciones estrechas con las madres parecían desmotivar a los jóvenes a tener actividad sexual.[4] Al conversar con nuestros hijos sobre el sexo Sarah Brown, directora de la "Campaña nacional para prevenir el embarazo en la adolescencia" dijo que la conversación sola no es suficiente. Ella dijo también que lo que más importa, sobre todo con los adolescentes más jóvenes, es una relación en la que los padres les sigan de cerca, que conozcan a sus amigos y lo que hacen juntos.[5] Asombroso. Imagine que muy dentro de ellos nuestros hijos se sienten más amados y cuidados cuando tienen límites y supervisión.

Valerie F. Reyna, profesora de desarrollo humano y psicología en New York State College of Human Ecology en Cornell y autora del estudio también advierte:

> Los adolescentes más jóvenes no aprenden tan bien de las consecuencias como los adolescentes mayores. Así que en lugar de confiar en que tomen decisiones bien pensadas o que aprendan de los golpes de la vida, es mejor supervisarlos... Una chica adolescente no debe quedarse sola en la casa con su novio, y los adultos responsables deben estar presentes en todo momento y sin influencia de alcohol cuando los adolescentes tienen fiestas.[6]

Uno de los amigos en edad universitaria de mi hijo me contó ingenuamente que había terminado su relación con una novia cristiana de más de tres años en un esfuerzo para mantener la pureza sexual luego de haber ido demasiado lejos en la relación. Él mencionó que parte de la tentación era la ausencia de reglas o límites por parte de los padres de ella cuando él estaba en casa. Tenga en cuenta que estos son padres cristianos. Él me contó que incluso cuando eran novios en la secundaria no era raro que se quedaran solos en la casa mientras sus padres estaban fuera. Es decir, él estaba pasmado y asombrado de que los padres confiaran en ellos tanto como lo hacían. ¿Y la lección para nosotras en esta historia? ¡Los chicos cristianos también tienen hormonas!

¡Los chicos cristianos también tienen hormonas!

Que los padres tomen conciencia: los chicos que van a la iglesia también tienen relaciones sexuales

El 80 por ciento de los adolescentes "evangélicos" o "nacidos de nuevo" creen que el sexo debe ser en el matrimonio. Lamentablemente, parece haber una gran contradicción cuando se trata de practicar lo que se predica. Según un estudio realizado en *Forbidden Fruit: Sex & Religion in the Lives of American Teenagers* por Mark Regnerus, profesor de sociología de la Universidad de Texas en Austin, los adolescentes evangélicos han sido más propensos a perder su virginidad que los protestantes tradicionales (denominaciones como los episcopales, los luteranos, etc.) o los católicos, y pierden su virginidad a una edad ligeramente más joven, 16.3, en comparación con 16.7 en el caso de los protestantes tradicionales y los católicos. Además son más dados a haber tenido tres o más parejas sexuales antes de los 17 años (13.7 por ciento en el caso de los evangélicos a diferencia del 8.9 por ciento de los protestantes tradicionales).[7]

Es igualmente perturbador que los adolescentes evangélicos tuvieron resultados bajos en una prueba relacionada con el embarazo y los riesgos para al a salud. Los autores del estudio especulan que los padres de los "adolescentes evangélicos" pudieran hablar con sus hijos del sexo pero la conversación está más enfocada en lo moral que en cuestiones prácticas. Es decir, parece que cubrimos la parte de "no lo hagas hasta que te cases" pero nos quedamos cortos al aconsejarles en cuanto a un hipotético "pero si decides tener relaciones sexuales…" Los artículos además plantean: "Los adolescentes evangélicos no se aceptan a sí mismos como personas que tendrán relaciones sexuales hasta que no lo hayan tenido."[8] Y ahí está el problema: si no *esperan* tener relaciones sexuales, no están *preparados* para enfrentar la tentación de tenerlas. Y si nosotros no esperamos que tengan relaciones sexuales, no ayudamos a prepararlos para resistir la tentación de tener relaciones sexuales. De hecho, la mitad de las madres de adolescentes activos sexualmente creen erróneamente que sus hijos todavía son vírgenes, según un equipo de investigadores de del Centro para la Salud Adolescente de la Universidad de Minnesota.[9] Regnerus resume nuestra ignorancia del problema en su libro *Forbidden Fruit:* "Para los evangélicos las relaciones sexuales son un "límite simbólico" que separa a un buen cristiano de uno malo, pero en realidad 'los chicos siempre están colándose en las líneas del enemigo'".[10] Sin dudas esta es una idea aleccionadora para los padres cristianos bien intencionados, muchos de los cuales pueden identificarse con haber cruzado las líneas del enemigo en sus años adolescentes.

¿Y qué de las promesas de virginidad?

Cuando se trata de las promesas de virginidad, tenemos buenas y malas noticias. En base a un estudio de más de 20 mil jóvenes que habían hecho promesas de virginidad en años anteriores, el 88 por ciento reconoció haber roto la promesa.[11] Es evidente que esto es una mala noticia, sobre todo si usted estaba respirando aliviada porque su hijo firmó una promesa. La buena noticia es que los estudios muestran que los alumnos que firman una promesa de virginidad tienden a posponer la actividad sexual.[12] Yo sé lo que algunas de ustedes están pensando. *¿Qué tiene eso de bueno si de todas maneras están cediendo a tener relaciones sexuales fuera del matrimonio?* Estoy de acuerdo con eso y me siento igualmente frustrada, sin embargo, en cada mes tenemos un mes extra para equiparlos con información para apoyarles en su promesa a Dios de esperar hasta el matrimonio. Además, un estudio hecho por The Heritage Foundation ha descubierto que "los adolescentes que hacen promesas tienen mejores resultados en sus vidas".[13] El estudio descubrió además que las jóvenes que hacen las promesas son menos dadas a quedar embarazadas (las chicas comprometidas con la promesa son un 50 por ciento menos dadas a tener un embarazo en la adolescencia que aquellas que no) y menos dados a tener hijos fuera del matrimonio. Los adolescentes que hacen promesas de virginidad también tendrán menos compañeros sexuales y son mucho menos propensos a involucrarse en actividad sexual durante los años de la secundaria.[14]

En el estudio de aquellos que hacen promesa de virginidad mencionado antes, sobresalió un grupo en particular cuando se trata del éxito: el 16 por ciento de los adolescentes norteamericanos que describen la religión como algo "sumamente importante" en sus vidas. Es decir, los creyentes radicales que no temen practicar lo que predican y que les preocupa más agradar a Dios que agradar a otros. El estudio descubrió que cuando estos adolescentes hacen una promesa, lo hacen en serio. El estudio también descubrió que las condiciones ideales están en "un grupo de jóvenes comprometidos que forman una minoría autoconsciente que se percibe a sí misma como especial, incluso cuando fuere criticada".[15]

Otro grupo que examinó la eficacia de las promesas de virginidad fue un poco más allá y comparó los que hacen promesas con los que no habían hecho una promesa formal pero tenían creencias y valores comunes cuando se trata de sus actitudes con relación al sexo. El estudio concluyó que no era la promesa en sí lo que servía como un medio eficaz para demorar la actividad sexual sino más bien un grupo de variables comunes que parecían estar presentes en ambos grupos de adolescentes conservadores (los que hacían la promesa y los que no).[16] Aunque el estudio descubrió que aproximadamente tres cuartos de ambos grupos, los que firmaron la promesa y el grupo de comparación que no firmó la promesa, había tenido relaciones sexuales antes del matrimonio, ambos grupos reportaron menos relaciones sexuales vaginales antes del matrimonio, menos compañeros sexuales y menos comportamientos sexuales riesgosos cuando se les comparó con la población de jóvenes en general. Además dijeron haber perdido la virginidad a una edad promedio de 21 años, en lugar de la norma estándar de 17 años.[17] El estudio señala además:

> Esperar hasta los 21 años para tener relaciones sexuales pudiera no ser esperar hasta el matrimonio, pero sin dudas apunta a una salud pública espléndida que haría más saludables a los adolescentes y más felices a los padres. Aunque el estudio muestra que la promesa de no tener relaciones sexuales tiene poco valor en jóvenes de 15 o 16 años, el grupo de comparación de jóvenes con más restricciones sexuales tenía ciertas características que vale la pena señalar, entre ellas:

1. Un mayor nivel de creencias religiosas y de participación en actividades religiosas tanto de los adolescentes como de sus familias
2. Mayor participación en las reuniones semanales de jóvenes
3. Menos experiencia sexual antes de los 15 años
4. Valores patrios pues los adolescentes más restringidos a nivel sexual tenían tendencia a tener origen extranjero, un gran porcentaje de nacimientos asiáticos
5. Menos amigos que bebían o usaban drogas ilegales
6. Más sentimientos negativos con respecto a tener relaciones sexuales o usar control para la natalidad
7. Un fuerte sentido de culpa por tener relaciones sexuales, con un poco de preocupación por disgustar a mamá[18]

¿Se fijó usted en lo que aparece en el último punto? Por eso es tan importante que la mamá tenga su propia voz cuando se trata de hablar del sexo fuera del matrimonio. El estudio sugiere un mensaje importante para los padres: "El enfoque debe estar en cultivar el ambiente hogareño y social continuo del adolescente en lugar de evocar una promesa única que se olvide fácilmente".[19] En conclusión, lleve a su familia a la iglesia, involucre a sus hijos en la iglesia y en las actividades semanales del grupo de jóvenes (donde se hará énfasis en el mensaje y ellos quedarán expuestos a valores similares); establezca límites para protegerlos (¡compórtese como madre!); hable con ellos sobre la repercusión del sexo fuera del matrimonio y continúe con las conversaciones a lo largo de los años.

Mentiras de la sala de vestuario

Un desafío que enfrentan nuestros chicos (y del que las madres tenemos que estar conscientes) es la actitud de "todo el mundo lo hace" y aquellos que no lo hacen están buscando de manera activa deshacerse de la etiqueta de "virgen". Considere la pregunta siguiente que un joven hizo de manera anónima en un foro secular de consejos en línea dirigido a adolescentes y adultos jóvenes: "¿Debiera sentirme muy mal por ser un varón virgen a los 21 años?"

Esto es un fragmento de su entrada:

> Realmente quiero tener relaciones sexuales con alguien a quien ame. No me concibo teniendo relaciones con una chica borracha

> en una fiesta, que parece ser lo que hace toda la gente de mi edad. Las dos novias que tuve acabaron rompiendo mi corazón, después de unos meses, poco después de decirles que yo era virgen. Fue como que de pronto se sentían incómodas y raras conmigo. …Tengo que mentir a mis amigos en cuanto a que soy virgen. Lo único en lo que pienso es chicas, chicas, chicas y cuánto deseo hacer a alguien feliz en una relación mutua. No veo el sexo como un logro del que quiero hacer alarde. Solo quiero hacerlo porque es algo que deseo mucho, no solo por la sensación física sino por las conexiones emocionales. Sin embargo, ninguno de mis amigos varones entiende eso, y todas las chicas con las que hablo tienen novios o no tienen ningún interés en mí, sexualmente… me siento tan mal, como un total perdedor, como que seré muy malo en el sexo…. ¿será normal que sea virgen a los 21 años?"[20]

Me resulta muy triste que un joven de 21 años, que todavía no ha tenido relaciones sexuales, ¡lo vea como una maldición y no como una bendición! Es interesante la evaluación que él hace de su "deseo" de experimentar el sexo por la "conexión emocional". Es triste que nuestros hijos en algún momento quedarán expuestos a la mentalidad desenfrenada en nuestra cultura que apoya la idea de que la virginidad en los hombres es algo sospechoso y no algo que provoque respeto. En una encuesta realizada hace poco a 200 adolescentes y hombres jóvenes (entre 15 y 22 años) que realizó la revista *Seventeen* y la "Campaña Nacional para la prevención del embarazo en la adolescencia y el embarazo no planificado", el 78 por ciento de los encuestados estuvieron de acuerdo en que había demasiada presión por parte de la sociedad para tener relaciones sexuales.[21] Es interesante que la encuesta también descubrió que los varones no son muy honestos en cuanto a su experiencia sexual. Entre los descubrimientos:

- El 60 por ciento dijo que habían mentido sobre algo relacionado con el sexo.
- El 30 por ciento mintió acerca de cuán lejos habían llegado.
- El 24 por ciento mintió en cuanto a la cantidad de compañeros sexuales.
- El 23 por ciento dijo no ser virgen cuando todavía lo eran. [22]

> **Sería sabio que como madres dijéramos a nuestros hijos que no crean todas las bromas que oyen de otros chicos en el salón de vestuario.**

Sería sabio que como madres dijéramos a nuestros hijos que no crean todas las bromas que oyen de otros chicos en el vestuario. Los chicos que sienten la necesidad de mentir en cuanto a su experiencia sexual padecen de una baja autoestima y, lamentablemente, tratan a toda costa de encajar dentro del grupo equivocado con tal de obtener aceptación. Es irónico pero muchos de los chicos que se burlan de estos otros y les hacen bromas por ser vírgenes ¡no tienen mucha más experiencia sexual que aquellos a quienes están haciendo las bromas! Nuestros hijos necesitan mantenerse alejados de muchachos así y buscar un grupo de amigos que esté comprometido con los mismos valores y creencias. Cuando se trata de que se burlan de ellos, la autora Pam Stenzel cuenta una historia maravillosa en *Sex Has a Price Tag* sobre un alumno de la universidad quien se comprometió a esperar hasta el matrimonio para tener relaciones sexuales. Como era el único en su equipo de fútbol que era virgen, le preguntó a un hombre mayor qué podía decirles a sus amigos cuando lo ridiculizaran o se burlaran de su decisión. El hombre dijo: "diles que tú puedes ser como ellos cuando quieras, pero ellos nunca más podrán ser como tú. Y eso es mucho más valioso que cualquier cosa que ellos hayan experimentado".[23]

Mantener una perspectiva positiva

Entiendo que las verdades presentadas en este capítulo pudieran haberle dejado con un corazón afligido. Como madre que siempre quiero lo mejor para su hijo, lo segundo mejor a veces no parece lo suficientemente bueno. Y seamos honestas, "lo mejor" en esta situación es dejar el sexo para el matrimonio. Aunque mi oración es que mis hijos experimenten "lo mejor" de Dios cuando se trata de su plan y diseño para el sexo, la decisión final de esperar es de ellos, no mía. Nuestros hijos tienen voluntad propia y muchos tendrán que aprender algunas verdades a las malas. Sin embargo, eso no significa que están fueran del alcance de Dios, o en todo caso, de su gracia. Aunque es razonable que tengamos altas expectativas de nuestros hijos, necesitamos ser cuidadosas y no transmitirles el mensaje de que cualquier cosa que no sea perfecta (en este caso, dejar el sexo para el matrimonio) es un fracaso. A veces, como creyentes, nos aferramos tanto al mensaje de "virgen hasta que te cases, ni más ni menos", que perdemos de vista lo más importante" el corazón de nuestros hijos.

Donde hay redención, siempre hay esperanza.

Dicho esto, sin dudas no estoy sugiriendo que presentemos el tema del sexo desde la perspectiva de que lo más probable es que resbalen. En el capítulo siguiente vamos a hablar de cómo encontrar un equilibrio adecuado cuando se trata de educar a nuestros hijos acerca del sexo. Sin dudas necesitamos una conversación sobre el sexo nuevo y más actual. Una conversación que se enfoque sobre todo en "lo mejor" del diseño de Dios para el sexo (esperar hasta el matrimonio) y al mismo tiempo que también tiene en cuenta la gracia de Dios y al redención para los momentos en que renunciamos a lo mejor de Dios. Y donde ha redención, siempre hay esperanza.

CAPÍTULO ONCE

Una conversación sobre el sexo nueva y mejorada

Espero que a estas alturas usted esté convencida de la importancia tan grande de hablar con su hijo sobre el diseño de Dios para el sexo y el papel clave que usted desempeña en animar a su hijo a esperar hasta el matrimonio para tener relaciones sexuales. Ya que nuestros hijos están expuestos al mensaje de la cultura que los rodea, y que les dice: "¡hazlo y ya!", nuestra función es informarles que no todo el mundo "lo hace". De hecho, más de la mitad de los alumnos de secundaria no han tenido relaciones sexuales y entre los que sí, casi dos tercios lo lamentan y quisieran haber esperado.[1] Si los medios de comunicación van a resaltar el menos del 50 por ciento de alumnos de secundaria que han tenido relaciones sexuales y catalogarlos como la norma, ¿por qué nosotros no comenzamos a resaltar a la mayoría que no tiene relaciones sexuales y los catalogamos como la nueva norma? Es decir, nuestra voz tiene que escucharse más alto que la voz de la cultura. Depende de nosotros hablarles a nuestros hijos del sexo. No solo es el plan de Dios dejar el sexo para el matrimonio sino que sencillamente tiene sentido. Además, nuestros hijos necesitan saber que no están solos en la batalla para permanecer puros.

En un capítulo anterior hablamos del crecimiento demorado en el lóbulo frontal del cerebro masculino, lo que hace difícil que nuestros hijos relacionen las consecuencias con sus acciones. Por lo tanto, no debe sorprendernos que los estudios hayan descubierto que en los chicos adolescentes exista un atraso entre la capacidad de sus cuerpos para tener relaciones sexuales y la capacidad de sus mentes para comprender las consecuencias negativas del sexo.[2] Permítame resumírselo: Cuando les decimos a nuestros hijos varones adolescentes: si tienes relaciones sexuales antes de casarte, puedes contraer una ETS o embarazar a una chica", sus cerebros no están lo suficientemente desarrollados a nivel cognitivo como para considerar lo peor que puede ocurrir y todo el peso de las consecuencias. Sus cuerpos están diciendo: "Hazlo", y sus cerebros no están al nivel de decir: "¡Espérate, socio! Si lo haces puedes acabar tomándote tres pastillas al día por una ETS o pagando una mantención durante los próximos 18 años". Es ahí donde nos toca a nosotras. Tenemos que seguir recordando a nuestros chicos las consecuencias que pueden producirse por tener sexo fuera del matrimonio. O, como yo le he dicho a mi hijo: "¡Mi función es actuar como el lóbulo frontal de tu cerebro hasta que el tuyo esté completamente desarrollado!"

Tenemos que seguir recordando a nuestros hijos las consecuencias de tener relaciones sexuales fuera del matrimonio.

Mis dos hijos podrían atestiguar que yo he compensado con creces por la demora en el desarrollo en sus lóbulos frontales al recordarles continuamente algunas de las posibles consecuencias que pueden ocurrir si ceden a la tentación de tener relaciones sexuales.

Me he tomado tiempo con mis dos hijos para ayudar a trazar una cronología realista de los distintos sucesos si ocurre un embarazo, y les he contado algunos ejemplos reales de jóvenes que tuvieron que renunciar a los sueños de la universidad para mantener una familia. Aunque espero que la motivación primaria de mis hijos para dejar el sexo para el matrimonio esté arraigada en un deseo de agradar a Dios, si se desvían espiritualmente quiero asegurarme de haberles dado razones suficientes como para dejar el sexo para cuando se casen.

Llevarle la delantera a la tentación

En el capítulo 6 hablamos del principio del domino propio y el beneficio de enseñar a nuestros hijos, desde edad temprana, a detenerse, pensar y orar (DPO). Cuando se trata de la tentación sexual, si no han aprendido lo básico del dominio propio antes de que les llegue la inundación de las hormonas, no es muy probable que su radar capte la palabra *detenerse*. La Biblia nos dice que huyamos de la inmoralidad sexual. *Cualquier otro pecado que el hombre cometa, está fuera del cuerpo; mas el que fornica, contra su propio cuerpo peca.* (1 Corintios 6:18). Además de enseñarles principios sobre el dominio propio, necesitamos ayudarles a entender que la manera más eficaz de huir de la tentación es, primero, alejarse de situaciones tentadoras, y segundo, crear de antemano un plan de escape para las ocasiones en que la tentación los tome desprevenidos. Por ejemplo, digamos que su hijo de 17 años tiene una novia, y la novia le manda un mensaje de texto invitándolo a estudiar. Luego le manda otro mensaje que dice: "Mis padres estarán fuera unas horas". Es evidente que es mucho más fácil para su hijo huir en este momento (al ejercer dominio propio y no colocarse en una situación tentadora) que ir a casa de su novia e intentar el dominio propio en medio de una sesión de besuqueo. Pero si la tentación llega sin avisar, sería sabio que nuestros hijos pensaran en qué van a decir (el plan de escape) por adelantado. Es decir, preparar el discurso antes de que se vean en el asiento trasero de un auto con las ventanas empañadas.

La práctica del dominio propio comienza cuando nuestros hijos "llevan cautivo todo pensamiento a la obediencia a Cristo" (2 Corintios 10:5)

No es mala idea ayudar a nuestros hijos a pensar en algunos de los posibles escenarios antes de que se presenten (¡ya que sus lóbulos frontales pudieran impedirles hacerlo!). Y de paso, sería buena idea desmotivarlos para que no salgan con el tipo de chicas que pudieran seducirlos a sesiones de besuqueo (o más) cuando no hay supervisión en casa. Parte de practicar el dominio propio es aprender a tomar tiempo para pensar por adelantado en posibles situaciones que pudieran comprometer la pureza sexual y crear un plan de escape. La práctica del dominio propio comienza cuando nuestros hijos "llevan cautivo todo pensamiento a la obediencia a Cristo" (2 Corintios 10:5)

Llegar al corazón del problema

Entiendo que a estas alturas muchas de ustedes pudieran sentirse un poco abrumadas con el desafío que enfrentamos cuando se trata de criar a nuestros hijos para que sean puros sexualmente. Como madres nos gusta pensar que existe una fórmula segura que si la aplicamos de manera fiel y constante dará resultados finales positivos. Es verdad que podemos aplicar una fórmula o principios efectivos, pero al final, no podemos controlar los resultados. Aunque las fórmulas (como los planes de escape y las promesas de virginidad) pueden ser bastante efectivas para modificar una conducta, el corazón es lo más importante. La pureza sexual no es el resultado de una promesa hecha una vez sino más bien una sumisión continua a Cristo.

Se cometerán errores porque nuestros hijos, como nosotros, son pecadores.

Se cometerán errores porque nuestros hijos, como nosotros, son pecadores. Cuando hablo con jóvenes sobre la tentación, a menudo les presento la analogía de llegar a una calle con una señal de pare en cada esquina. Habrá ocasiones cuando sabemos que Dios dice: "Gira a la izquierda. La izquierda es el camino bueno y que me agrada, y te mantendrá en mi camino". Sin embargo, habrá ocasiones en que nuestros hijos cederán a la tentación porque "el espíritu está dispuesto pero la carne es débil" (Mateo 26:41; Marcos 14:38). Como nosotros, en ocasiones nuestros hijos estarán parados en la encrucijada de la tentación y harán un giro equivocado. Una vez que lo hagan, Dios con su paciencia amorosa, pone una señal de dar la vuelta a lo largo del camino para animarle a regresar.

La mayoría de los creyentes no podrá ir por el camino equivocado durante mucho tiempo sin que la convicción se los impida. Un verdadero creyente sabe que un camino de pecado al final lleva a un desierto árido y polvoriento incluso si en el camino hay placeres momentáneos. Un verdadero creyente no puede justificar y seguir mucho tiempo haciendo algo que se oponga a los mandatos de Dios. Un verdadero creyente, que ha tomado un rumbo equivocado, en algún momento del camino se quebrantará y clamará a Dios para que lo ayude a regresar. Los verdaderos creyentes expresarán un dolor sincero y piadoso (1 Corintios 7:10) al pensar en el poder de la cruz y en que "siendo aún pecadores, Cristo murió por [ellos]" (Romanos 5:8). Algunos creyentes dan la vuelta cuando ven la señal mientras que otros seguirán por el camino hasta llegar al desierto árido y polvoriento. Mientras más rápido reconozcan su pecado, se arrepientan y regresen, mejor.

Enseñar a nuestros hijos a prestar atención a la condición de sus corazones es más importante que emplear tácticas para modificar la conducta con relación a la pureza sexual. Si su hijo no ve el sexo fuera del matrimonio como un pecado, y por tanto, no ve ningún problema con seguir por un camino que comprometa la voluntad de Dios, usted tendrá que preocuparse por algo más grande que un embarazo inesperado o una ETS. Una conversación acerca de dejar el sexo para el matrimonio no es tan importante como una conversación sobre el hecho de que Cristo salva al hombre de sus pecados.

Una conversación acerca de dejar el sexo para el matrimonio no es tan importante como una conversación sobre el hecho de que Cristo salva al hombre de sus pecados.

Si usted sospecha que su hijo ya está activo sexualmente

No hay duda de que los padres cristianos tienen un dilema cuando se trata de "hablar del sexo". Por un lado queremos asegurarnos de que nuestros hijos estén claros del porqué del mandato de Dios de dejar el sexo para el matrimonio, pero si vamos tan lejos como mencionar la conversación con respecto al control de la natalidad, nos asusta que pueda dar la idea de que tienen permiso para meter la pata (o peor aún, darles la idea de que lo excusamos). Algunos hallazgos demuestran que aquellos que prometen abstinencia son menos propensos a utilizar métodos anticonceptivos que aquellos que no lo han hecho, esto es mucho más que inquietante. Sin embargo, eso no significa que nos sumemos a la población general y salgamos corriendo a comprar a nuestros hijos una caja de condones "por si acaso".

Tal vez mientras está leyendo esto, usted sospecha que su hijo ya tuvo relaciones sexuales, y se queda pensando qué hacer ahora. No renuncie a la batalla y declare derrota. La evidencia presentada nos recuerda que comprometerse a la virginidad secundaria tiene un gran beneficio ya que mientras mayor el número de parejas sexuales, mayor la influencia negativa sobre el matrimonio y la felicidad en el futuro. Pudiera ser que su hijo tiene relaciones sexuales pero quiere cambiar. De hecho las estadísticas muestran que el 55 por ciento de los chicos adolescentes lamentan su decisión de tener relaciones sexuales y quisieran haber esperado.[3] En este caso yo sugiero que usted o su esposo se reúnan con su hijo cada semana para hablar sobre lo que hemos tratado en esta conversación 3. Establezca límites, supervise a su hijo y pídale cuentas por los límites que usted ha trazado. Sea selectiva en cuando a las chicas con que él sale (si tiene permiso para hacerlo), y propóngase dejarle saber que las líneas de comunicación siempre están abiertas y nada está fuera de límites en cuanto a conversar. Sobre todo, recuérdele que su pecado puede ser perdonado si él lo confiesa y se arrepiente (Hechos 2:38; 3:19). No hay necesidad de recriminar a nuestros hijos por su pecado y avergonzarlos; así no es como Dios reacciona y nosotros tampoco deberíamos hacerlo. Romanos 8:1 nos recuerda: "ninguna condenación hay para los que están en Cristo Jesús".

Por otro lado, si después de tratar el asunto con su hijo usted descubre que él no se ha arrepentido y por tanto es muy probable que no cambie su conducta, persevere en compartir con él las verdades que hemos aprendido en esta conversación 3. Sobre todo, comprométase a orar por su hijo y pídale a Dios que cambie su corazón. La oración será su fuerza más poderosa. Usted no puede cambiar el corazón de su hijo pero Dios sí.

Cuando converse con él haga énfasis en que a usted le motivan el amor y la preocupación. La verdad aleccionadora es que si él quiere buscar una manera de seguir teniendo relaciones sexuales con su novia (o enredándose), buscará la manera de hacerlo, incluso mientras viva bajo su mismo techo. A estas alturas, si sospecha que él planea seguir con el pecado sexual, usted está en una situación muy difícil. Entonces la pregunta es: ¿se involucra o no en conversaciones sobre métodos para evitar un embarazo? Si yo estuviera enfrentando esta situación con mi propio hijo, y estuviera claro que él no ha roto con su pecado y que por tanto no está dispuesto a arrepentirse, yo seguiría enfocándome en el estándar de Dios y no me desviaría ni un ápice. La Palabra de Dios nos recuerda la norma: "Sed santos, porque yo soy santo" (1 Pedro 1:16). Los padres que hablan de las opciones para evitar un embarazo con sus hijos, en cierto sentido están diciendo: "Mira, la Palabra de Dios dice que seas santo, pero ya que insistes en no serlo, ¿pudiera sugerirte un plan B para ayudarte a disminuir los daños?" yo no podría decir o hacer algo que, a consciencia, transmita un mensaje contrario a las normas de Dios. Y la verdad es que si nuestros hijos son lo suficientemente mayores como para involucrarse en actividad sexual, sin dudas lo son como para encontrar protección.

Recordar nuestro lugar

Al terminar la conversación 3, sepa que existen muchos puntos de vista entre los cristianos en cuanto a la manera más eficaz de tratar la pureza sexual. A menudo es un tema candente que se alimenta de mucha pasión y buenas intenciones. Dicho esto, sepa que no soy una autoridad en el tema sino más bien una madre como usted que se interesa y quiere lo mejor para mis hijos, lo mejor de Dios. Y corro el mismo riesgo que cualquier otra madre o padre cristiano.

Puede que resbalen en el camino, pero su reacción a esos resbalones es lo que más le importa a Dios.

Al final uno o mis dos hijos pudieran escoger desechar las normas de Dios para el sexo y sucumbir a la tentación de tener relaciones sexuales fuera del matrimonio. Aunque espero que no sea así, entiendo que es una posibilidad real. No existen garantía ni fórmulas a toda prueba cuando se trata de criar hijos que busquen la pureza sexual, incluso para aquellos de nosotros que escribimos libros sobre la crianza de los hijos. Podemos tomar la información presentada en la conversación 3 y usarla para argumentar el diseño de Dios para el sexo, pero al final nuestros hijos tomarán sus propias decisiones.

Puedo atestiguar que luego de tener con cada uno de mis hijos esta conversación nueva y mejorada sobre el sexo a lo largo de los años, con honestidad puedo decir que he cumplido con mi tarea. He aprovechado momentos para enseñar cuando estamos sentados en casa, cuando caminamos por la calle, cuando nos acostamos y cuando nos levantamos (Deuteronomio 6:7). Si ellos decidieran prescindir de lo mejor de Dios para el sexo, a pesar de mi enseñanza e instrucción, no me encogeré de hombros para decir: "¿Qué hice mal?" Descansaré en saber que hice todo lo que pude y seguiré orando para que sus corazones sean sensibles y estén maduros para la enseñanza de Dios. Hace poco le dije a mi hijo menor: "Es tu vida sexual y al final eres tú quien tiene que llegar a la conclusión de que dejar el sexo para el matrimonio es lo mejor para ti y te promete la vida sexual más saludable posible: a nivel físico, emocional y espiritual. A fin de cuentas, tú tienes que interesarte más por tu vida sexual y la búsqueda de la pureza que yo."

En lugar de enfocarnos en la virginidad como el premio supremo, necesitamos criar chicos que tengan el hábito de presentar sus corazones a Dios cada día. Puede que resbalen en el camino, pero su reacción a esos resbalones es lo que más le importa a Dios. Como lo hizo el rey David. A pesar de su pecado sexual con Betsabé, y luego la orquestación del asesinato de su esposo, Dios lo consideró un "varón conforme a mi corazón" (Hechos 13:22). Cuando ayudamos a nuestros hijos a cultivar el hábito de guardar y proteger sus corazones (Proverbios 4:23), tratamos la pureza sexual de raíz. Menos del 10 por ciento de los chicos llegará al altar con su pureza sexual intacta. Que nuestros hijos estén entre esos pocos raros que pueden decir que son vírgenes el día de su vida, no será el resultado directo de ninguna fórmula de moda ni de una estrategia en la crianza de los hijos que hayamos empleado en el camino. Será por la gracia de Dios y solo su gracia. Afortunadamente, esa misma gracia también está disponible para aquellos que resbalan en el camino. Yo, por ejemplo, soy un ejemplo viviente de que la gracia de Dios cubre multitud de pecados y tiene el poder de hacer todas las cosas nuevas.

CONVERSACIÓN 4

La niñez es solo por una temporada. P.D. ¡Es tiempo de crecer!

CAPÍTULO DOCE

Soltero en casa: ¿Hombre de verdad o Peter Pan?

En 2006 Paramount Pictures sacó al aire la película *Soltero en casa* protagonizada por Matthew McConaughey. McConaughey hacía el papel de un atractivo y bien parecido soltero de treinta y cinco años que vivía en la casa de sus padres y no tenía apuro por salir del Hotel Niño de Mamá. ¿Y para qué? Su madre cocinaba sus comidas, limpiaba su habitación y lavaba su ropa; un excelente trato para cualquier persona de treinta y cinco que no esté lista para crecer en este mundo grande y de terror. La película obtuvo el número uno en los Estados Unidos las tres primeras semanas luego de su lanzamiento, recaudando más de noventa millones de dólares.[1] Aunque la película pretendía ser una comedia, pareció poner el dedo en la llaga de muchos espectadores y llamó la atención al verdadero problema de "fallo en el lanzamiento" entre los jóvenes de nuestra cultura de hoy. Como repercusión de la película, las noticias comenzaron a sacar a la luz relatos de Peter Pans adultos que parecían estar más preocupados con pasar al siguiente nivel de su video juego favorito que con hacerlo en la vida real. La Tierra de Nunca

Jamás podía ser el sótano de la casa de mamá y papá o un apartamento compartido con otros hombres-niños de igual mentalidad, pero sí había algo en común entre estos Peter Pans: No tenían ambición alguna. Nada en absoluto.

Tome por ejemplo a Johnny Lechner, cuya elección de la Tierra de Nunca Jamás fue la Universidad de Whitewater en Wisconsin. Aunque la universidad pudiera parecer a primera vista algo más ambicioso que el sótano de mamá y papá, debe conocer el resto de la historia. El niño Johnny ("Sr. Lechner" no sería apropiado para este muchacho) es un perpetuo estudiante universitario. Se graduó de preuniversitario en 1994 y ha estado asistiendo a la universidad desde entonces. En la biografía en su página Web se jacta: "Yo nunca dejo que mis estudios interfieran con mi educación ya que disfrutaba de más de una docena de vacaciones por Semana Santa y tenía numerosas apariciones en programas de televisión como *David Letterman, 20/20*, y *Buenos Días, América*". Continúa jactándose: "También terminé hace poco de grabar mi quinto CD de música, inventé mi juego para beber número cincuenta, y comencé a escribir mi primer libro… de muchos". Y en el caso de que esté interesada, hasta incluye una página de donación en su sitio por si quiere detenerse y apoyar con dinero su carrera universitaria sin fin.[2] ¡Vaya, estoy segura de que sus padres deben estar orgullosos de su pequeño de treinta y cinco!

Volver a definir "Juventud"

Aunque el ejemplo del niño Johnny es un ejemplo extremo en lo relacionado con el síndrome de "fallo en el lanzamiento", es probable que todos conozcamos a jóvenes que no quieren crecer y comportarse como adultos.

Las corporaciones y especialistas de mercado están sacando buen partido de este síndrome, ya que han descubierto que a lo largo del camino del autodescubrimiento, estos jóvenes compran muchísimos juguetes para pasar el tiempo. De hecho, de acuerdo con un estudio de una firma de investigación demográfica del mercado, la definición tradicional de "juventud" ya no se determina por la edad cronológica cuando se trata de patrones a la hora de comprar. "La juventud contemporánea debe definirse ahora como 'la ausencia de madurez funcional y/o emocional', como reflejo del hecho de que la aceptación de responsabilidades tradicionales como hipotecas, hijos, y el desarrollo de un sentido firme de autoidentificación/perspectiva está ocurriendo cada vez más tarde en la vida", concluye el estudio.[3]

El artículo recomienda este perturbador consejo a las corporaciones y especialistas de mercado que deseen hacer dinero basados en este desplazamiento demográfico: "Como las personas en todo el mundo demoran el comienzo de sus responsabilidades como adultos y permanecen más tiempo en su juventud física y emocional, cada vez es más aceptable que las personas mayores participen en ocupaciones de jóvenes. Para apoyar esta tendencia, los especialistas de mercado deben de forma sistemática considerar el muchas veces descuidado grupo de edades entre 25 y 34 como parte del mercado juvenil".[4] David Morrison, presidente de Twentysomething Inc., una consultoría de mercado con base en Filadelfia, añade: "Mamá y papá se encargan de la mayoría de sus necesidades, de modo que sus ingresos son bastante flexibles. [Muchos jóvenes de veinte y pico] viven en la casa paterna, pero si mira bien, verá televisores de pantalla plana en sus cuartos y autos flamantes en la entrada de la casa".[5] En un artículo de la revista *Time* titulado "¿Crecer? No tan rápido" el autor Lev Grossman dice: "Es posible que algunos "twixters" [jóvenes adultos] quieran crecer, pero las corporaciones y los publicistas hacen todo lo posible por mantenerlos en un estado dócil, explotable, sin llegar a la adultez; viviendo en la casa paterna, gastando su dinero en juguetes".[6]

Para poner el problema en perspectiva, imagine el escándalo si las iglesias hacen lo mismo y redefinen *juventud* como "la ausencia de madurez funcional y/o emocional", en vez de por la edad cronológica. ¿Debemos tomar al joven soltero con edades entre veinte y treinta y cuatro que viven en casa con mamá y papá e incorporarlos de nuevo en el grupo de jóvenes de la iglesia? Estoy segura de que muchos de esos Peter Pans les gustaría no hacer otra cosa que jugar Ping-Pong e involucrarse en algunos juegos para romper el hielo antes de que comience el estudio de la lección bíblica el domingo en la mañana. Y con tan pocas responsabilidades, apuesto a que estarán libres para amontonarse en la camioneta de quince pasajeros de los jóvenes durante el fin de semana para el próximo juego de búsqueda de tesoros escondidos. A los 34 años ya debieran tener el juego dominado. No es de extrañar que los jóvenes adultos (edades entre los dieciocho y los veinticuatro) se estén yendo de las iglesias a montones. ¡Ya no estamos satisfaciendo *sus necesidades!* ¿Cómo va a tomarse en serio un Peter Pan el servicio a Cristo cuando su objetivo principal es servirse a él mismo? O en realidad, ¿cómo va a desear un Peter Pan crecer, casarse y servir a una esposa cuando puede permanecer bien en el perpetuo estado de la infancia hasta llegar a los treinta con muy poca resistencia cultural?

¿Qué caracteriza oficialmente a un "adulto"?

Lo que confunde de manera particular en este desplazamiento cultural hacia una adultez demorada es que las encuestas nacionales revelan que una abrumadora mayoría de los norteamericanos, incluyendo jóvenes adultos, está de acuerdo en que en las edades entre veinte y veintidós, las personas deben terminar la escuela, trabajar y vivir por su cuenta.[7] No obstante, en realidad muchos no llegan a vivir de acuerdo con sus expectativas para la adultez. Esto nos lleva a la pregunta: ¿Qué caracteriza oficialmente a un "adulto"? Aunque la independencia financiera (ninguna entrada suplementaria de parte de los padres ni vivir en su casa) es un determinante obvio, la búsqueda de matrimonio y la paternidad fueron alguna vez vistos como puntos de referencia para la adultez. Hoy es difícil que el matrimonio y la paternidad estén en el radio de atención de esta generación en ciernes de Peter Pans. Al matrimonio se le ve como algo en lo que uno pudiera comenzar a pensar con seriedad después que se esté cansado de un estilo de vida como soltero, yendo de bar en bar y dedicado a los video-juegos, lo que se ha convertido en la norma aceptada. Usted sabe, eso que uno *debe que hacer* cuando está en los treinta y pico y su mamá comienza a dejar caer recordatorios no muy sutiles de que le va ser difícil perseguir a los nietos con un andador a no ser que empiece ya a ponerse en función de ello. En el capítulo 14 hablaremos de forma más específica sobre cómo los padres pueden "lanzar" con éxito a sus hijos a la adultez, pero antes es necesario comprender mejor el impacto que el matrimonio demorado tiene no solo para nuestros hijos sino también en nuestras hijas.

El problema con el matrimonio demorado

Casi todos los jóvenes desean casarse. De hecho, un reporte de 2008 de la Universidad de Michigan, basado en una encuesta a dos mil trescientos estudiantes de último año de preuniversitario en todos los Estados Unidos, halló que el 80 por ciento dice que se casarán y cree que permanecerán casados con la misma persona toda la vida.[8] En realidad este número ha permanecido bastante constante, reflejando las actitudes hacia el matrimonio de los adolescentes en las últimas décadas. Cuando se trata de actitudes hacia el matrimonio, el desplazamiento más drástico ha ocurrido con el promedio de la edad en que se casan. En 1980 la edad promedio para un primer matrimonio era de veintitrés. Treinta años después, es veintisiete para los hombres y veintiséis para las mujeres, lo más alto que ha llegado a estar.[9]

Un informe publicado por el Proyecto Nacional para el Matrimonio de la Universidad de Rutgers titulado el estado de nuestras uniones, halló que "los hombres ven el matrimonio como un paso final en el proceso de la madurez". William Doherty, un profesor de ciencia social familiar y director del Programa de Terapia Familiar y Matrimonial en la Universidad de Minnesota, se refiere a un desplazamiento cultural como la causa de esta nueva actitud de demora en el matrimonio. "Nos hemos convertido en más individualistas, viviendo para nuestro propio placer; no por deber o responsabilidad. Las personas tienen la creencia de que deben tener toda una década para divertirse antes de establecerse".[10]

Es evidente, las jóvenes parecen ser las verdaderas perdedoras cuando se trata de matrimonio demorado. Como sus relojes biológicos siguen funcionando sin interrupción, sus amigos solteros no sienten presión alguna por casarse. Los jóvenes solteros sacan la mejor parte de un mar de mujeres (tanto jóvenes como no tan jóvenes) que están tratando de conseguir su atención. El informe del Proyecto Nacional para el Matrimonio concluye: "Si esta tendencia continúa, no habrá buenas noticias para muchas de las jóvenes que esperan casarse y tener niños antes de que comiencen a enfrentar problemas asociados con una disminución de la fertilidad".[11]

¿Es motivo de asombro que la cantidad de mujeres no casadas entre los treinta y los treinta y cuatro años se haya más que triplicado en los últimos treinta años y que el por ciento de mujeres sin hijos a principios de los cuarenta se haya duplicado?[12] Wendy Shalit, autora del libro *Girls Gone Mild* describe esta cruel ironía: "Las mujeres solteras que se acercan a los treinta se vuelven más serias con respecto a la búsqueda de una pareja para casarse. Han ganado confianza en su capacidad de 'valerse por sí mismas', y están listas para pensar en el matrimonio. Sin embargo, muchas dicen que 'los hombres no están allí', ellos 'no están en la misma página', o son menos maduros".[13]

De acuerdo con David Popenoe y Barbara Dafoe Whitehead, coautores del informe del Proyecto Nacional para el Matrimonio: "Un período prolongado de vida como solteros pudiera lograr que los hombres se habitúen a esa condición…

Ellos se han acostumbrado a su propio espacio y rutinas. Disfrutan la libertad de no tener que responder ante nadie".[14] Entre las razones ya citadas en cuanto a la indecisión de los hombres a comprometerse, los coautores determinaron que el factor más significante que contribuye a la demora en el matrimonio es la cohabitación.

Como parte del informe del Proyecto Nacional para el Matrimonio, Popenoe y Whitehead encuestaron hombres solteros que arrojaron luz sobre las razones detrás de esta indecisión a comprometerse. Considere los hallazgos siguientes:

1. Pueden tener sexo fuera del matrimonio con mucha más facilidad que en tiempos pasados.
2. Pueden disfrutar los beneficios de tener una mujer cohabitando con ella en vez de casándose con ella (traducción: *¡sexo!*).
3. Quieren evitar el divorcio y sus riegos financieros.
4. Quieren esperar hasta ser mayores para tener hijos.
5. Temen que el matrimonio requiera muchos cambios y compromisos.
6. Están esperando por la perfecta alma gemela, y aún no ha aparecido.
7. Se enfrentan a pocas presiones sociales que los impulsen al matrimonio.
8. No les gusta casarse con una mujer que ya tiene hijos.
9. Quieren tener su propia casa antes de tener una esposa.
10. Quieren disfrutar la vida de solteros tanto como sea posible.[15]

Aunque muchos padres cristianos no están hablando con sus hijos adolescentes sobre la importancia de dejar el sexo para el matrimonio, menos aún están hablando acerca de la cohabitación. Para muchos padres esto no es algo que les interese hasta que sus hijos dejan el hogar y se enfrentan con la realidad cuando ya ocurre. Como la esposa de un ministro que conozco, cuya hija que había dado su palabra de mantenerse virgen (ahora en estudios de posgrado) y hace poco soltó la bomba de que se mudaba con su novio porque "los tiempos han cambiado" y "todo el mundo ahora lo hace".

Por esta razón debemos dedicar tiempo a analizar con nuestros hijos el impacto de la cohabitación antes de que dejen el nido. Voy a analizar el tema de la cohabitación con mayor profundidad en el capítulo siguiente e incluiré una visión general de información esencial que debemos pasar a nuestros hijos antes de que se suscriban a la mentira.

"Hay mucho temor propagándose alrededor del matrimonio", dice Hannah Seligson, de veintisiete, autora de *A Little Bit Married*, un libro acerca de relaciones a largo plazo consecutivas y la cohabitación. "Ellos quieren hacer bien las cosas".[16] Aunque en realidad puedo entender por qué los jóvenes pudieran tener temores sobre la posibilidad de experimentar un fracaso en el matrimonio, el verdadero temor que debe propagarse es a la cohabitación, el matrimonio demorado y otros destructores comunes (aunque prevenibles) del matrimonio. Si en verdad quieren "hacer bien las cosas", necesitan mirar con honestidad la verdad, en vez de conformarse de forma ciega a los tiempos.

El verdadero amor espera… ¿hasta los veintiocho?

Como madres cristianas, a menudo animamos a nuestros hijos para que permanezcan puros al mismo tiempo de ofrecerle consejos adicionales de no apurarse para establecerse y que se casen después que hayan salido de casa y/o graduado de la universidad. "¡Disfruta el tiempo de soltero; tienes toda la vida delante de ti!" ¿Le suena familiar? Es posible que en lo personal usted no se suscriba a esa filosofía, pero puede estar segura de que su hijo estará expuesto a ella; incluso por personas en la iglesia. Dediquemos un minuto a examinar la sabiduría de ese gran consejo. Dado que la mayoría de los niños comienzan a tener deseos sexuales al final de la pubertad o a principios de la adolescencia y que la edad promedio para el matrimonio para los hombres está entre los veintisiete y los veintiocho años, ¿es en realidad razonable esperar que nuestros jóvenes luchen contra sus deseos sexuales durante una década y media? (Si usted dice sí, es posible que deba regresar y revisar la información del capítulo 8 sobre el apetito masculino por el sexo). Por supuesto, es *posible* permanecer puro hasta los veintisiete o veintiocho (o más), ¿pero es *probable*? Además, ¿por qué Dios daría a nuestros niños deseos sexuales en sus años de adolescencia y luego les ordena mantenerlos ocultos por una década y media? ¡Aquí pasa algo! ¿Será posible que nos hayamos suscrito a la forma de pensar de la cultura acerca del matrimonio demorado en lugar de al plan supremo de Dios para el matrimonio?

William Doherty, director del Programa de Terapia Familiar y Matrimonial en la Universidad de Minnesota, concuerda que se está enviando un mensaje contradictorio a nuestros hijos cuando predicamos de abstinencia y, al mismo tiempo, los exponemos a las presiones sociales en favor del matrimonio demorado. "Desde un punto de vista tradicional, moral y religioso, si usted desea evitar el sexo prematrimonial, debe entonces alentar el matrimonio a edades más tempranas", aconseja él.[17] Para aclarar, él no está aprobando los matrimonios de adolescentes, y aclara que son peligrosos. Él señala que "cuando llega a los veinte, esos riesgos de la adolescencia ya no están".[18]

En un ensayo que incita al debate en torno al problema de la raquítica madurez entre los hombres, la autora Frederica Mathewes-Green afirma que "Dios diseñó nuestros cuerpos para desear formar parejas mucho más temprano, y la mayor parte de la historia las culturas han acomodado ese deseo al permitir a las personas casarse cerca de sus veinte o a principio de ellos. Las personas pospondrían el matrimonio hasta finales de los veinte solo en casos de desastre económico o hambruna; tiempo en que las personas tenían que ahorrar para poder casarse".[19] Una vez más, no soy una defensora del matrimonio en la adolescencia, pero sí creo que debemos volver a examinar los beneficios del matrimonio a comienzo de los veinte. Encuentro muy irónico que muchos jóvenes demoren el matrimonio en un intento por reducir las posibilidades de divorcio, cuando en realidad incrementan las posibilidades de un fracaso matrimonial por demorar el matrimonio. Mathewes-Green señala que "hace cincuenta años, cuando el promedio de edad de las novias al casarse era de veinte años, la tasa de divorcio era la mitad de lo que es ahora, porque la cultura apoyaba la permanencia del matrimonio".[20]

¿Puede imaginar el impacto en la edad promedio del matrimonio si las chicas rechazaran juntarse o cohabitar y en vez de ello dejaran bien

El matrimonio demorado hace más difícil mantener la pureza sexual.

claro que estaban dejando el sexo para el matrimonio? Como le dijo un hombre de veintiocho años al autor de un libro sobre el matrimonio: "Si tuviera que casarme para tener sexo, es probable que estuviera casado, al igual que todos los hombres que conozco".[21] ¿Qué interesante detalle sobre el desastre moral que ha resultado de juntarse y de la cohabitación. Ya se ha hablado demasiado de la revolución sexual que busca dar a la mujer las mismas libertades sexuales que los hombres, sin las ataduras conyugales. Al final las mujeres están más en deuda con los hombres que nunca ya que sus relojes biológicos siguen funcionando sin interrupción mientras los hombres buscan sexo libre sin la obligación de comprometerse más. Por favor, no me malentienda; no estoy culpando solo a las mujeres por los problemas asociados con el matrimonio demorado. Hay igualdad de culpa para todos. Solo estoy llamando su atención sobre esto en un esfuerzo por señalar la importancia de descansar en la sabiduría de Dios en vez de suscribirnos de forma ciega a la fallida sabiduría del mundo.

El matrimonio demorado hace más difícil mantener la pureza sexual. Aunque puede ser la voluntad de Dios que alguien espere hasta el final de los veinte o más para casarse y practicar la abstinencia a lo largo del camino, no puedo imaginar que su plan para la edad promedio para casarse sea entre veintisiete y veintiocho para los hombres y veintiséis para las mujeres. Tenemos la obligación de guiar a nuestros hijos en la búsqueda de la perfecta voluntad de Dios por encima de la opinión pública. Por supuesto, no estoy diciendo que nosotras manipulamos a nuestros hijos para que se casen temprano. La meta de este capítulo es reevaluar las opiniones de la sociedad acerca del matrimonio en un esfuerzo por ayudar a nuestros hijos a ver el propósito y el plan para el matrimonio a través de los lentes de Dios. Tal y como está, es difícil que el matrimonio esté en el centro de atención de la mente de un joven cuando este abandona el hogar. ¿Y por qué lo estaría cuando se le ha dicho una y otra vez que "disfrute de la vida de soltero" y "aproveche mientras es joven"? Por supuesto, esto pone una carga de responsabilidad sobre los hombros de los padres de preparar con anticipación a nuestros hijos para la posibilidad de matrimonio a principio o a mediados de los veinte. También es responsabilidad nuestra criarlos para "ir al noviazgo con el matrimonio en mente", en vez de seguir la norma que impone la cultura de que el noviazgo y el sexo son pasatiempos para recrearse. Dados los tiempos, pudiera sonar radical. Sin embargo, pocos discutirían que es un hecho que el sistema actual no está funcionando. Parte del "lanzamiento" de nuestros chicos a la adultez es criarlos para que tengan una mentalidad más bíblica con respecto al matrimonio.

CAPÍTULO TRECE

¿Felices para siempre?: Como evitar los destructores del matrimonio

La institución del matrimonio está muy necesitada de una positiva campaña de relaciones públicas. Aparte de las regulares palizas que recibe en las series cómicas y por otros medios, muchos jóvenes están comenzando a aceptar las mentiras y lo ven como una maldición en vez de una bendición. Considere un artículo que publicara hace poco *Newsweek* titulado: "No acepto: Los cargos contra el matrimonio", donde las autoras Jessica Bennett y Jesse Ellison presentan una de las más depravadas diatribas contra el matrimonio desde que Gloria Steinem hizo su infame comentario de que el matrimonio estaba diseñado para "una persona y media". (No hay que decir que la señorita Steinem al final nunca se casó). Las autoras comienzan su perorata con la atrevida y peligrosa declaración que "hace mucho tiempo, el matrimonio tenía sentido". Todo el artículo cayó cuesta abajo a partir de esa afirmación, al presentar sus argumentos para evadir el matrimonio, una triste estadística tras otra. Entre su evidencia de que el matrimonio ya no es relevante: "Tener hijos fuera de la vida conyugal perdió su estigma hace mucho tiempo. En 2008, el 41 por ciento de los nacimientos fueron de mujeres no casadas",[1] y: "Casarse genera siete horas más de quehaceres domésticos para las mujeres cada semana".[2] Bueno, si eso no es una prueba de que tenemos que eludir la institución del matrimonio, no estoy segura de cuál puede ser. (Inserte aquí una mirada sarcástica).

Luego está la rotunda y ridícula cita de parte de un antropólogo que "estudia la naturaleza del amor" y ha llegado a la conclusión de que "los humanos no estamos hechos para estar juntos para siempre, sino para relaciones monógamos de corta duración de tres o cuatro años".[3] Ni hablar de que en el mismo párrafo las autoras insinúan que la causa principal de su escepticismo acerca del matrimonio es ser parte de lo que ellas mismas describen como una "generación para la cual la norma es hogares múltiples… criadas de habitación en habitación, minivans, y mesas de comer, con padrastros, medios hermanos, y un muy complicado programa de días festivos".[4] ¿Acaso estas dos chicas no pensaron en el daño colateral a niños inocentes que quedan tras su deficiente consejo de evitar el matrimonio y optar a su vez con reemplazar sus parejas cada tres o cuatro años? Aunque estoy de acuerdo con las autoras en el punto de que la institución del matrimonio está "rota" en algunos niveles, me parece que sería más sabio ofrecer soluciones tangibles que puedan ayudar a reparar el daño en vez de introducir un sistema aún más deficiente en su lugar. La institución del matrimonio ha sufrido algunos daños con el paso del tiempo, pero nada que el Creador del matrimonio no pueda sanar. En una respuesta al artículo de *Newsweek*, el teólogo y escritor R. Albert Mohler Jr. ofreció lo siguiente:

> Los cristianos ven el matrimonio, en primer lugar, como una institución que el Creador hizo buena y santa. Su valor, para nosotros, no está establecido por la sociología sino por las Escrituras. También comprendemos que Dios nos dio el matrimonio para nuestro bien, para nuestra protección, para nuestra santificación, y para la prosperidad del ser humano. En otras palabras, la Biblia nos apremia a ver el matrimonio como algo esencial para la felicidad y salud humanas, y mucho más.[5]

Para ser defensores del matrimonio, debemos primero identificar las principales amenazas que pretenden socavar el diseño y el propósito de

Dios para el matrimonio y amenazan con privar a la siguiente generación de "la felicidad y salud humanas, y mucho más".

Sexo prematrimonial

En la conversación 3 analizamos muchas de las consecuencias negativas que puede traer el sexo fuera del matrimonio, pero también hay un impacto directo en el futuro matrimonio. Numerosos estudios indican que cuando las personas han tenido sexo antes del matrimonio, son más propensos a divorciarse si/cuando se casan más tarde en la vida.[6] De acuerdo con el libro *Hooked: Science on How Casual Sex Is Affecting Our Children*, los coautores Joe S. McIlhaney Jr. y Freda McKissic Bush, ambos médicos, hallaron que las personas que tienen sexo antes del matrimonio tienen menos probabilidades de experimentar felicidad marital, más probabilidades de tener dificultades para hacer ajustes en el matrimonio y menos probabilidades de experimentar felicidad, satisfacción y amor.[7]

El libro señala además: "Una persona que está sexualmente involucrada, deja de tener sexo y luego vuelve a involucrase en el sexo, y que repite este ciclo una y otra vez, está en peligro de consecuencias emocionales negativas. Las personas que se comportan de esta manera están actuando, casi luchando, contra la forma en que están hechos para funcionar. Cuando haya conexión y se establecen lazos y de repente se rompen y se reemplazan con otra relación sexual, muchas veces provoca daño en el mecanismo natural del cerebro para conectarse y establecer lazos".[8]

Aún más dañino que el sexo fuera del matrimonio en una relación de noviazgo es la tendencia a tener sexo fuera del matrimonio en la forma de "empatarse". Empatarse es cuando una pareja decide tener sexo sin ninguna promesa de relación futura. Muchas veces se hace referencia a ello como "amigos con beneficios". Empatarse se presenta como la norma en todo desde las letras de las canciones pop hasta en los espectáculos populares de televisión y en las películas para adolescentes. Y gracias a la revolución sexual que congrega a las mujeres para que busquen el sexo como un entretenimiento, no faltan las chicas dispuestas a empatarse con nuestros hijos. Por supuesto, uno espera que los cristianos sean diferentes, pero la verdad es que ellos luchan contra las mismas hormonas feroces que los chicos no cristianos. No lo estoy justificando sino más bien llamando nuestra atención al hecho que es necesario conversarlo. Es muy difícil resistirse a algo que promete placer instantáneo y se puede obtener gratis. ¿Pero es en verdad gratis, o viene con un precio?

De acuerdo con el libro *Hooked*, "el sexo es la más íntima conexión que podemos tener con otra persona" y "requiere la integración de todo lo que somos en esa relación (nuestro amor, nuestro compromiso, nuestra integridad, nuestros cuerpos, nuestra vida) en todos nuestros años. Si el sexo es menos que eso, es solo un acto animal, y de alguna manera nos estamos comportando como animales porque no lo estamos practicando como seres humanos plenos. El sexo de este tipo puede hacer que una persona se 'sienta' cerca de su pareja sexual cuando en realidad no están nada cerca. El sexo privado de relación se centra en lo físico y puede inhibir el mejor tipo de crecimiento en intimidad".[9] Aunque empatarse a veces tiene la recompensa de las felicitaciones de otros chicos cuando se reúnen, nuestros hijos deben saber que los verdaderos ganadores a largo plazo son los que protegen y guardan su pureza y, así, la salud y el bienestar de su futuro.

Irse a vivir con alguien: ¿Cortejo prematrimonial?

Nuestros hijos deben saber que los verdaderos ganadores a largo plazo son los que protegen y guardan su pureza.

Desde 1960 el número de parejas que viven juntos sin casarse se ha incrementado en más de diez veces.[10] Lo que era considerado inmoral e inaceptable hace cincuenta años ahora ha cambiado para ser algo esperado, sobre todo entre los hombres. El estudio realizado por el Proyecto Nacional para el Matrimonio halló que la mayoría de los participantes ven la cohabitación de manera favorable, y casi todos los hombres estuvieron de acuerdo con el punto de vista de que un hombre no debe casarse con una mujer hasta que haya vivido con ella antes.[11] Casi el 70 por ciento de los casados vivieron juntos antes.[12]

Así que, ¿cuál es el atractivo o el razonamiento detrás de la decisión de irse a vivir con alguien? El estudio anterior arroja luz sobre tres de las razones más comunes citadas por los solteros no casados:[13]

- Esperan averiguar más acerca de los hábitos, el carácter y la fidelidad de una pareja.
- Desean probar la compatibilidad, tal vez para un futuro matrimonio.
- Desean vivir juntos como una forma de evitar los riesgos del divorcio o de verse "atrapados en un matrimonio infeliz".

Parece haber mucha confusión y mala comunicación con relación a cualquier beneficio "percibido" en la cohabitación. De forma irónica en realidad incrementa el riesgo de que la relación se rompa antes del matrimonio. Un informe del Proyecto Nacional para el Matrimonio afirma que "muchos estudios han hallado que *aquellos que viven juntos antes del matrimonio tienen matrimonios menos satisfactorios* y una posibilidad bastante mayor de romper con el tiempo". Una razón es que las personas que viven juntas pueden sentir más temor al compromiso y ser más propensas a abandonar cuando surgen los problemas. Además, el hecho de vivir juntos puede conducir a actitudes que pueden hacer más difícil un matrimonio feliz. Los descubrimientos de un estudio reciente, por ejemplo, sugiere: "Es posible que haya menos motivación por parte de los que cohabitan a desarrollar habilidades para apoyarse y solucionar conflictos".[14] Los que viven en ese estado y luego se casan, tienen las tasas de separación y divorcio más altas.[15] Y ya sea que se casen con la pareja con la que cohabitaban o con otra persona, son más propensos a tener aventuras extramaritales. Cuando se trata de permanecer fiel, las parejas casadas tienen siempre mayores índices de lealtad. Un estudio que se realizó en un período de cinco años y se publicó en *Sexual Attitudes and Lifestyles* indica que el 90 por ciento de las mujeres casadas fueron monógamas en comparación con el 60 por ciento de las mujeres que acostumbraban a cohabitar. Las estadísticas eran incluso más dramáticas con relación a la fidelidad en los hombres: El 90 por ciento de los hombres casados permanecieron fieles a su esposa, mientras que solo el 43 por

El cohabitar en realidad incrementa el riesgo de que la relación se rompa antes del matrimonio.

ciento de los hombres que acostumbraban a cohabitar permanecieron fieles a sus parejas.[16] De manera adicional los que optan por cohabitar bajo la suposición de que el sexo va a ser mejor que el sexo de "casados" deben notar esto: De acuerdo con un estudio muy abarcador a escala nacional, *las personas casadas tienen más y mejor sexo que sus contrapartes no casadas.* No solo tienen sexo más a menudo, sino que lo disfrutan más, tanto física como emocionalmente.[17]

El veredicto es este: Vivir juntos antes del matrimonio es dañino para la salud física, espiritual y emocional de la persona y puede tener impactos en la salud de su futuro matrimonio ya sea que termine casándose con la mujer con la que vive o con alguna otra. No obstante, los jóvenes siguen comprando las mentiras de la cultura y nunca se cuestionan el error de sus caminos y las secuelas que pueden producir en los años venideros. Tenemos la responsabilidad de criar a nuestros hijos para que sean el tipo de jóvenes que vean a las mujeres a través de los ojos de Dios y las traten con dignidad y respeto. Me encuentro muchas madres preocupadas por la agresividad que muestran hoy las jóvenes, pero debemos preocuparnos de igual manera por los jóvenes (incluyendo a los de la iglesia) que se sienten felices al seguirles el juego.

Divorcio: Una casa dividida

Casi la mitad de todos los matrimonios termina en el divorcio. De manera sorprendente las estadísticas de divorcio son más o menos iguales para los cristianos que para los no cristianos. Aunque la mayoría de los padres están de alguna manera familiarizados con esa estadística, pocos en realidad hablan de las consecuencias del divorcio con sus hijos. Por supuesto, cuando usted considera que casi la mitad de los padres están (o han estado) divorciados, es comprensible que sacar a colación el tema pueda ser embarazoso e incómodo, por no decir más. Sin embargo, si en verdad queremos que nuestros hijos experimenten lo mejor de Dios en el matrimonio, debemos educarles en cuanto a las dañinas consecuencias del divorcio. Creo que la mayoría de los padres está de acuerdo en que el divorcio es demasiado común en nuestra cultura hoy, y, debido a su gran disponibilidad, muchas parejas se precipitan hacia esa decisión. Como muchos de nosotros sabemos, cada matrimonio va a experimentar altos y bajos.

Una investigación utilizando una gran muestra a nivel nacional halló que el 86 por ciento de las personas que se sentían infelices cuando se casaron a finales de los ochenta y que optaron por permanecer en el matrimonio indicaron al ser entrevistadas después que eran más felices. Además, tres quintas partes de estas parejas no felices ya mencionadas, clasificaron sus matrimonios como "muy feliz" o "completamente feliz".[18] Esto en realidad nos hace preguntarnos cuántos matrimonios se podrían haber salvado si las parejas no fueran tan rápidas en precipitarse al divorcio.

Con demasiada frecuencia escuchamos que una pareja ha decidido divorciarse porque "ya no están enamorados", "son incompatibles", o "tienen diferencias irreconciliables". Para los cristianos, las Escrituras afirman de forma muy clara que el único apoyo para el divorcio está en el caso de infidelidad o cuando una pareja no creyente se va. Sin embargo, en muchos de estos casos, el matrimonio todavía puede salvarse con la ayuda de un consejero.

Todos conocemos parejas en las que uno de ellos está dispuesto a hacer cualquier cosa para que el matrimonio funcione, pero por alguna razón la otra parte no lo está. Tengo varias amigas que caen dentro de esta categoría, y mi corazón se quebranta por ellas y por el dolor que han experimentado. Estarían dentro de las primeras en comunicar que el divorcio produce consecuencias devastadoras para todos los involucrados. Si está leyendo esto y ha experimentado el divorcio, la animo a poner a un lado las razones detrás de su propio divorcio y tener una franca y honesta conversación con su(s) hijo(s) acerca de las consecuencias del divorcio. Dudo que alguna madre divorciada quiera que sus hijos formen algún día parte de las estadísticas de divorcio. Hay algunos factores clave que disminuyen la probabilidad de divorcio. Como madres, se lo debemos a nuestros hijos para asegurarnos de que están conscientes de los factores siguientes.

10 Factores comprobados que disminuirán la probabilidad de divorcio

1. Deje el sexo para el matrimonio.
2. Tenga un firme fundamento de fe y valores cristianos y cásese con alguien que tenga el mismo fundamento de fe y valores.
3. Ni siquiera considere el divorcio como una opción y rechace hacerlo parte de su vocabulario.

4. Logre una educación universitaria.
5. No se case antes de los veinte.
6. Comprenda que cada matrimonio tendrá dificultades. Busque más servir que ser servido.
7. Comprenda que el amor no es un sentimiento sino un compromiso.
8. No vivan juntos antes del matrimonio.
9. Tenga los hijos después de casados. (Nota: Si ocurre el embarazo fuera del matrimonio, lo correcto es tener la criatura. El aborto nunca debe ser una opción).
10. No se conforme con otra cosa que no sea lo mejor de Dios para usted.

Si su hijo es de un hogar divorciado

Judith Wallerstein, una autoridad conocida que ha escrito sobre el impacto del divorcio en los niños, estudió a 131 personas que, de niños, experimentaron el divorcio de sus padres. En su significativo informe, *The Unexpected Legacy of Divorce,* ella dice: "El divorcio es una experiencia que transforma la vida. Después del divorcio, la niñez es diferente. La adolescencia es diferente. La adultez; con la decisión de casarse o no y de tener niños o no, es diferente. Ya sea que el resultado final sea bueno o malo, la trayectoria total de la vida de un individuo se altera de manera profunda por causa de la experiencia del divorcio".[19] No estoy comunicando esta información para reprender a las personas divorciadas. Como mencioné antes, tengo amigas que han experimentado el divorcio y que no lo deseaban o no lo vieron venir. Mi corazón se duele por todos los que han experimentado el divorcio. Sin embargo, siento que es necesario tocar el tema del impacto que tiene el divorcio en los niños y así poder estar mejor equipados para tener la necesaria conversación con nuestros hijos con relación a la verdad acerca del divorcio. Debemos hacer todo lo que esté a nuestro alcance para librar a nuestros hijos de las dolorosas consecuencias del divorcio.

Una nueva campaña de relaciones públicas en favor del matrimonio: La buena noticia de la cual nadie habla

La mayoría de los adolescentes dice que ellos esperan casarse (el 77 por ciento de los chicos; el 84.5 por ciento de las chicas) y además dicen que "tener un buen matrimonio y una buena vida de familia" es algo "en extremo importante" (el 70 por ciento de los chicos; el 82 por ciento de las chicas).[20] Es lamentable que nuestros jóvenes escuchan poco acerca de los beneficios del matrimonio. ¿Cuándo fue la última vez que los medios tocaron el tema de los abrumadores y consecuentes hallazgos de fuentes de reputación como la *Revista del Matrimonio y la Familia* y la *Revista Americana de Sociología* de que "las personas casadas, tanto hombres como mujeres, están como promedio en mejor situación que todas las categorías de personas no casadas (las que nunca se han casado, las divorciadas, las separadas, y las que han enviudado) en términos de felicidad, satisfacción, salud física, longevidad, y la mayoría de los aspectos de la salud emocional?"[21] Ya que fue Dios quien creó el matrimonio, ¿en realidad nos debería sorprender que el matrimonio es en verdad bueno para nosotros?

La carga del cambio de actitudes con respecto al matrimonio descansa en los *padres*.

Madres, depende de nosotras ensalzar los beneficios del matrimonio ante nuestros hijos como una unión ordenada por Dios que puede traer mucha felicidad y, lo más importante, honor a Él. El Proyecto Nacional para el Matrimonio afirma que la carga del cambio de actitudes con respecto al matrimonio descansa en los *padres*. "Contrario a la idea popular de que los medios son los principales responsables de las actitudes de los jóvenes con respecto a la formación de parejas y el matrimonio, la evidencia disponible sugiere con gran fuerza que los jóvenes reciben muchas de sus ideas y modelos sobre el matrimonio de los padres y de la generación de sus padres".[22] Esa es la buena noticia.

La mala noticia es que el mismo estudio demostró también que "muchos padres no han tenido casi nada bueno que decir acerca del matrimonio y muchas veces no dicen nada", alegando que el negativismo y/o silencio pudiera deberse a "los propios problemas y fracasos en el matrimonio de la generación de sus padres".[23]

Además, al encuestar a los jóvenes acerca de sus actitudes con relación al matrimonio, muchos en el estudio han crecido, por desgracia, con padres divorciados o con matrimonios infelices. No tienen una base para determinar cómo debe ser un matrimonio saludable y por lo tanto los han dejado con una imagen distorsionada. Algunos incluso describen un buen matrimonio como "lo opuesto a mis padres".[24] ¡Ay! Por otra parte, un número de participantes en el estudio dijo que no recibieron "ningún consejo" o "en su mayoría malos consejos" acerca del matrimonio de parte de sus "padres y familiares".[25] La lectura de esta última oración debe provocar un estremecimiento colectivo entre todos nosotros. ¿Cómo podemos romper las cadenas de este ciclo disfuncional cuando muchos están, de hecho, perpetuándolo y alentándolo? Sin lugar a dudas, muchos de los que leen esto han experimentado su propia cuota de daño y dolor en el matrimonio. Nunca nadie dijo que el matrimonio era fácil. ¿Pero podemos dejar a un lado cualquier daño o dolor que hayamos experimentado y enfocarnos en el propósito de Dios para el matrimonio? En el libro *Boys Should Be Boys*, la escritora y médico Meg Meeker señala: "La decisión más importante que toma un hombre en su vida (aparte de las preguntas fundamentales acerca de Dios) no es escoger su universidad, su carrera, o en qué ciudad va a vivir. Es la elección de su pareja. Si el matrimonio de un hombre es bueno, la vida es buena. Puede perder su trabajo, un hijo, una casa, pero si tiene una sólida relación con una esposa, saca fuerzas de ello para soportar las adversidades. Si, por otro lado, la relación es tumultuosa y dolorosa, la vida es mala. Su trabajo lo deja insatisfecho, su interés por las diversiones decrece, y es más propenso a perder la esperanza en otras áreas de su vida. Uno de los regalos más grandes que podemos dar a nuestros hijos es prepararlos para el matrimonio, si el matrimonio va a formar parte de nuestras vidas".[26]

Yo sé que es un balance delicado y requerirá que las mamás que no han experimentado el tipo de matrimonio que Dios planeó sean del todo honestas con sus hijos y les digan: "Tú sabes, cariño, sé que tu padre y yo no hemos sido (o no fuimos) el mejor modelo de matrimonio para ti, pero la verdad es que Dios quiso que el matrimonio fuera una cosa maravillosa". Tal vez sea necesario dejar a un lado el orgullo y señalar otros matrimonios saludables que tal vez pudieran servir como ejemplos tangibles para nuestros hijos. Hasta pudiera ser necesario confesar errores que usted pudiera haber cometido en un esfuerzo por disuadir a su hijo para que no los cometa él. El problema es que muchos con matrimonios destrozados están diciendo que el matrimonio, en general, es un error. Debemos destacar que Dios no crea errores, pero las personas, de hecho, cometen errores. El comienzo de la mayoría de los fracasos en el matrimonio se puede encontrar en errores que cometieron ambos esposos y el fallo de ambos de no adherirse al patrón de Dios para el matrimonio. Cuando no se sigue ese patrón, el matrimonio puede sufrir y a veces hasta fracasar. Si este es su caso, ¿puede aceptar la responsabilidad por sus errores y aún hablar en favor de la institución del matrimonio cuando hable con su(s) hijo(s)? Por supuesto, si usted es cristiana y está casada con un incrédulo, puede señalar a su hijo el consejo de Dios para los cristianos de no unirse "en yugo desigual" (2 Corintios 6:14). (Esto hay que hacerlo de forma tal que no deshonre a su esposo). Dios puede sanar cualquier matrimonio, y la oración es una parte esencial de ese proceso.

Debemos destacar que Dios no crea errores, pero las personas, de hecho, cometen errores.

Comprendo que otras que puedan estar leyendo esto siguieron el patrón de Dios y, por alguna razón, su esposo, una vez piadoso, decidió irse o andar tras una vida de pecado. En lo personal conozco varias mujeres que experimentaron esta dolorosa desgracia, y es desgarradora. Aun cuando han tenido una amarga experiencia, o han permitido que la experiencia amargue sus actitudes con relación al matrimonio. Se han esforzado para hablar bien del matrimonio y asegurarse de que sus hijos no queden con una impresión negativa sobre el mismo. Este es un balance en extremo delicado cuando se trata de señalar errores cometidos por el esposo; le advierto que si esta es su situación, por favor, no abunde en detalles o divulgue información que pueda hacer tirante la relación de su hijo con su padre.

Para aquellas que en este momento tenemos matrimonios saludables, ¿hemos hecho nuestra parte en hablar a favor del matrimonio a oídos de nuestros hijos? ¿Saben nuestros hijos cuánto valoramos el matrimonio? ¿Nos ven ellos mostrar afecto e intercambiar palabras cariñosas? ¿Son testigos de ejemplos positivos de solución de conflictos y confesión y perdón? Créame, me siento en lo personal culpable ante el peso de estas palabras. Me siento muy feliz al estar casada. Cierto, es difícil a veces, y mi esposo y yo hemos tenido nuestra buena cuota de choques a lo largo del camino, pero no lo cambiaría por nada. El matrimonio es un don de Dios. Mamás, si deseamos ver una nueva campaña de relaciones públicas en favor del matrimonio, debe empezar en nuestros propios hogares... comenzando con nosotras.

CAPÍTULO CATORCE

De la niñez a la adultez: Un exitoso plan de lanzamiento

Imagine por un minuto que su hijo adolescente (¡solo imagínelo si el suyo todavía no lo es!) recibió una invitación de la NASA para unirse a los astronautas de un transbordador en su próxima misión al espacio exterior. Ahora imagine que da la casualidad que esta misión está programada para partir al día siguiente. ¿Lo dejaría ir? Es obvio que se requiere de mucha preparación anterior para una misión como esa, y su hijo no estaría preparado. Sería descabellado que su hijo saliera en esa misión, pero de igual manera muchos chicos son lanzados al mundo real con poca, si es que alguna, preparación y entrenamiento. ¿Tiene usted un plan de lanzamiento formal para sacar a su hijo del nido hacia el mundo real? O su hijo está en un programa automático; usted sabe, aquel que al cumplir dieciocho queda a la buena de Dios, esperando que no se presente de nuevo en la puerta de la casa meses después con un bolso, incapaz de sobrevivir en el mundo real.

Con lo ridículo que puede parecer, la mayoría de los padres no tiene un plan de lanzamiento formal para sus hijos. La doctora Meg Meeker dice: "El error más grande que cometemos con los chicos adolescentes es olvidar que todos ellos necesitan ayuda para salir de la adolescencia. Millones de ellos crecen, pero pocos se convierten en hombres. Ningún niño quiere quedarse en el mundo trivial de perpetua adolescencia, pero necesita de alguien que le guíe en la salida. Sus anhelos más profundos lo presionan hacia la edad adulta, y necesita responder. Él desea responder, pero no sabe cómo hacerlo. Así que ayúdelo. Esté allí para desafiarlo. Haga que se sienta un poco incómodo al exigir de su intelecto y demandar madurez."[1] La verdad es que nuestros niños necesitan ayuda para moverse hacia la adultez. Pocos están "madurando" y las estadísticas apoyan esta cruda realidad. Considere lo que una madre soltera dijo en un artículo que escribió para una revista de hombres titulado "Bebés en la tierra de los niños". La propaganda publicitaria decía: "Las mujeres están saliendo de la universidad, determinadas a enfrentar el mundo; con o sin un hombre a su lado, incluso cuando llegue el momento de criar una familia. ¿Están los hombres preparados para enfrentar el desafío?" Ella comienza el artículo reflexionando sobre un viaje a México con una amiga. Ambas deseaban mucho que sus novios las acompañaran, pero la autora dice: "Se quedaron en casa, cortos de dinero... como de costumbre. Esto sucede mucho. Aunque no somos para nada lo que uno llamaría alguien que ha llegado muy lejos, si ganamos más dinero que los hombres que amamos, que son talentosos e inteligentes, pero, digámoslo así, con motivación atrofiada en lo que se refiere a su desarrollo profesional".[2] El artículo presenta desalentadoras estadísticas que revelan que hoy hay más mujeres que hombres asistiendo a la universidad (cincuenta y seis mujeres por cada cuarenta y cuatro hombres), las mujeres graduadas de la universidad comienzan a trabajar primero que sus homólogos hombres, y el estatus de trabajo y seguridad le interesa más ahora a las jóvenes que a sus compañeros hombres. "Nosotras vamos a toda velocidad por la autopista de la

La mayoría de los padres no tiene un plan de lanzamiento formal para sus hijos.

vida, y nuestros hombres ni siquiera están en la vía de acceso… Mientras ustedes están aprovechando la juventud, escuchando música horrorosa, y dejando que los platos se amontonen en el fregadero, nosotras hemos comenzado a construir nuestras carreras y planes de retiro. Estamos comprando autos, aplicando para préstamos, y por lo general comportándonos como gente adulta."

Otra mujer soltera comparte su preocupación por la falta de hombres "maduros" con el Dr. Leonard Sax, autor del libro *Boys Adrift*:

> Estimado Dr. Sax,
> Como mujer de 29 años, estoy justo en el medio de una generación con "problemas en su lanzamiento". Crecí en el norte de Virginia. Asistí el año pasado a mi reunión por los diez años de culminación del preuniversitario. Todas las chicas con las que fui a la escuela se han mudado a una nueva casa, fueron a la universidad, consiguieron buenos trabajos, etc. Casi todos los chicos viven con sus padres, tienen trabajos de mala categoría, y no saben qué quieren hacer con sus vidas.

Nuestros niños necesitan ayuda para moverse hacia la adultez.

Pienso que la pereza de los chicos comienza en el preuniversitario. Para ser honesta, creo que al menos parte de la culpa recae en los padres. Todas las chicas tuvimos restricciones en el preuniversitario. Todas tuvimos que decirles a nuestros padres dónde estábamos todo el tiempo. Tuvimos que mantener altas nuestras calificaciones. Ni un solo chico de los que conozco tenía restricciones. A la mayoría se le permitía vagabundear por la escuela porque ellos tenían "problemas de concentración" o se les había diagnosticado un "trastorno de integración sensorial". Las chicas tenían trabajos en el centro comercial. Los chicos recibían dinero de mamá y papá. Incluso dentro de la misma familia, había reglas diferentes para los chicos y para las chicas.

Ahora estamos recogiendo lo que sembramos. Las chicas tienen disciplina. Los chicos tienen PlayStations.[4]

Otra mujer, Sharon S., escribe:

> Me divorcié hace poco. No estoy segura de que quiera volver a casarme. En realidad existen muy pocos hombres que valgan la pena. Los hombres de mi generación no están buscando pareja; están buscando una nueva mami. Prefiero andar por mi cuenta que con un hombre que no se puede parar sobre sus dos pies.[5]

La plataforma de lanzamiento

En una fabulosa columna titulada "¿Qué pasa si ya no hay personas maduras?", el teólogo R. Albert Mohler Jr. Señala lo siguiente:

> En los días pasados, los niños aprendían cómo ser adultos al vivir, trabajar y jugar al lado de sus padres. La llegada de los doce o los trece significaba que ya se estaba acabando el tiempo de la niñez. Ceremonias tradicionales como el Bar Mitzvah de los judíos anunciaba que estaba despuntando la adultez. Los chicos que experimentaban el Bar Mitzvah entenderían esto sin dificultad. Cuando llegaba el momento en que este chico estaba formado por completo, se esperaba de él que pudiera trabajar un día entero. Él podía esperar ser considerado un hombre hecho y derecho poco después, y casarse poco antes de los veinte. La niñez era un breve pasadizo a la adultez, y la adultez era una condición muy deseada de autoridad y respeto.[6]

Debemos ser decididos en la ayuda a nuestros hijos para hacer la transición de la infancia a la edad adulta antes de que dejen el hogar.

Debemos ser decididos en la ayuda a nuestros hijos para hacer la transición de la infancia a la edad adulta antes de que dejen el hogar. Con toda claridad debemos expresar con palabras las expectativas que vienen con la adultez, y debemos mostrarles lo que implica este rito de iniciación. A pesar del hecho de que nuestros hijos crecerán en una cultura donde las mujeres ya no cuentan con ellos para su provisión, debemos ayudar a nuestros hijos a comprender que Dios sí. Y hablando con sentido práctico, debemos poner a trabajar a nuestros hijos. No será nada bueno que a la instrucción no le siga la acción.

El Dr. Leonard Sax dice: “La definición de adultez no es cómo uno usa su dinero, decidir si compro o alquilo, etcétera. La definición de adultez, creo yo, es ser independiente de sus padres. Usted puede vivir en una tienda de campaña en un bosque y no pagar alquiler alguno. Pero si está subsidiado por completo por sus padres, sigue siendo un niño, sin importar su edad. Mi preocupación es que estamos viendo a muchos jóvenes que parecen valorar más el estar cómodos y bien alimentados que ser independientes y madurar”.[7]

Como madres, debemos reconocer que la cosa más amorosa que podemos hacer por nuestros hijos es incrementar sus responsabilidades y disminuir su comodidad en la medida en que van creciendo. Es muy difícil que los chicos a quienes las madres les siguen lavando la ropa, cocinando sus comidas, programando sus citas para cortarse el pelo, y administrando sus vidas se sientan motivados a dejar el nido. ¿Qué niño desea abandonar las comodidades a las que se ha acostumbrado mientras ha crecido? ¿Por qué madurar e independizarse en lo económico cuando uno puede seguir despierto hasta las 3:00 a.m. jugando en Internet su juego favorito y dormir hasta el mediodía del día siguiente acurrucado en sus sobrecamas de Spider-Man? Pero el mayor argumento para lanzar a nuestros hijos al mundo real es que es *bíblico*. Génesis 2:24 nos recuerda la meta: “Por tanto, dejará el hombre a su padre y a su madre, y se unirá a su mujer, y serán una sola carne”. La meta siempre ha sido criar hijos que dejen el hogar. No que se queden a jugar.

Los tiempos han cambiado. Aunque ya la edad de dieciocho no es la norma aceptada que señala la adultez, esto no significa que nosotros abracemos de todo corazón la actitud de la cultura con respecto a la adultez demorada. Las opiniones varían sobre cuándo un niño debe convertirse en hombre como hemos analizado antes, pero una cosa es segura: Prepararlos para el lanzamiento es un proceso que comienza mucho antes de los dieciocho. El hogar es la rampa de lanzamiento, y usted y su esposo (si está casada) son los responsables de la misión. En pocas palabras, usted tiene de los dieciocho a los veintidós años para lanzar a su hijo al mundo a que se convierta en un miembro de la sociedad responsable e independiente. En otras palabras, usted tiene de los dieciocho a los veintidós años para llevar a su niño a ser un hombre verdadero en vez de un Peter Pan. Un lanzamiento exitoso se compone de tres etapas: pre lanzamiento; lanzamiento de prueba; y lanzamiento final.

Pre lanzamiento: La etapa de la vida de un niño entre los dos y los catorce años debe verse como la fase de pre lanzamiento. Durante esta etapa deben introducirse habilidades cruciales en la vida, así como el entrenamiento que se requiere con los años para ayudar a nuestros hijos a dominar las habilidades en la vida. Habilidades como responsabilidad personal por sus pertenencias, la administración del dinero, el establecimiento de metas, la administración del tiempo, y la ética del trabajo duro pueden introducirse a una edad temprana y cultivarse con los años. Por ejemplo, mi esposo hizo un trabajo maravilloso entrenando a nuestros hijos desde edades tempranas con habilidades básicas de administración del dinero. Comenzando desde los años de preescolar, él les enseñó a apartar para el diezmo, ahorros y gastos. (Él siguió un modelo sencillo de darles una cantidad que era el doble de su edad todos los meses). Cada hijo tenía tres recipientes plásticos que servían como su caja fuerte. Para darles el sentido de una ética del trabajo duro, se les asignaban tareas en edades tempranas que se correspondían con su nivel de habilidad. Algunas tareas podían hacerles ganar dinero extra mientras otras se realizaban sin pago para enseñarles el valor del trabajo en equipo y de hacer su parte para el bienestar de la familia.

Lanzamiento de prueba: La etapa de la vida de un chico entre los catorce y los dieciocho debe verse como la fase del lanzamiento de prueba. Durante esta etapa del lanzamiento de prueba, su hijo debe convertirse en alguien más independiente al poner en práctica las habilidades clave para la vida. Durante esta etapa tendrá que aprender algunas dolorosas lecciones en la medida en que comienza a destetarlo de la dependencia a usted y le da posesión y responsabilidad personal. Además durante este tiempo la mayoría de las madres tienen la tendencia de venir a rescatar a sus hijos y librarlos de las consecuencias de sus malas o pecaminosas decisiones. Las madres necesitan dejar que sus hijos aprendan la lección más importante al dejar de ir a rescatarlos de las consecuencias que puedan venir. En el mundo real nadie los rescatará de las consecuencias que puedan venir como resultado de su pereza e irresponsabilidad. Es mucho menos doloroso para ellos aprender la lección mientras aún están bajo su techo que años después cuando sus acciones pueden afectar a toda su familia (esposa e hijos). Por ejemplo, cuando cada uno de mis hijos comenzó a manejar a los dieciséis, mi esposo estaba claro con respecto a las expectativas de la posesión de un auto. A ellos se les dieron autos usados y se les dijo que tendrían que ganarse el dinero para el combustible. Nosotros pagamos el seguro, pero les dejamos saber que si recibían una multa o tenían un accidente, tenían que pagar la multa, el curso de conducción preventiva y cualquier cantidad necesaria para reparar el auto. Pero eso no es todo. También les dijimos que tendrían que pagar cualquier subsiguiente incremento mensual en nuestra prima de seguro que resultara de su multa, accidente o pérdida del auto.

A mi hijo menor (diecisiete en este momento) le pusieron una multa por exceso de velocidad hace un par de semanas y experimentó el dolor de ver cómo más de cien dólares desaparecían de su cuenta de ahorro para pagar por el curso de conducción preventiva para cubrir la multa y evitar que la prima de seguro incrementara. También tuvo un pequeño accidente hace como un año que le dejó el parachoques de atrás un poco abollado con pérdida de la pintura que aún tiene que ser capaz de ahorrar el dinero para poder pagar la reparación. De la manera que el daño en el parachoques no es nuestro problema. Si él continúa teniendo accidentes y recibiendo multas que provocan que aumente nuestro seguro, le retiramos el auto si no es capaz de cubrir los gastos y le sugerimos que revise las rutas de autobuses de la ciudad para que se traslade. Tampoco lo regañamos ni le recordamos que tiene que tomar el curso de conducción preventiva. Si él no tuviera los incentivos para continuar con el plan, estábamos preparados para continuar nosotros al sacar la cantidad necesaria de su cuenta de ahorro para cubrir la multa y el subsiguiente incremento en el seguro. Hace algunos días estaba en la computadora en el cuarto próximo al nuestro y comenzó a gritar: "¡Mamá, este curso de conducción preventiva por Internet es muy malo!" Sin demora le respondí: "¡No tan malo como conseguir un segundo trabajo para pagar el incremento en la prima de seguro o perder tu auto!"

Lanzamiento final: La etapa de la vida de un chico entre los dieciocho y los veintidós debe verse como la fase del lanzamiento final. En algún punto durante esta etapa el chico debe llegar a ser independiente de sus padres y un miembro responsable de la sociedad. Aunque algunos padres pueden sostener el punto de vista de que la edad de dieciocho señala la verdadera adultez, otros pudieran sentir que es un poco más allá, sobre todo cuando la universidad es parte del plan. Sin importar si su opción es dieciocho o veintidós, cualquier otra cosa más allá de los veintidós incrementará las posibilidades de un fallo en el lanzamiento. El Dr. Leonard Sax señala:

> Mi criterio personal, basado en parte en mis veinte años de práctica médica, es que si los padres continúan protegiendo a sus hijos adultos después de la edad de veintiún años, pueden hacer menos probable que su pequeño adulto sea capaz de (o esté dispuesto alguna vez a) enfrentar los desafíos del mundo real. Por supuesto uno tiene que hacer distinciones razonables. Si su hijo de 22 o 23 se acaba de graduar de la universidad y está buscando trabajo, no veo perjudicial que viva en casa mientras realiza su búsqueda de trabajo; siempre que usted y él hayan discutido de manera franca y directa, cuánto va a durar esta situación antes de que se suponga que ya tenga algún tipo de trabajo a tiempo parcial para ayudar a pagar sus gastos. ¿Un mes? Está bien. ¿Un año? Demasiado tiempo.[8]

Antes del lanzamiento final, los padres deben ayudar a sus hijos a hacer proyectos para el futuro y pesar las posibilidades, dejando claro desde el principio el objetivo: *Necesitas ser independiente cuando llegues a* ___ (la edad que usted entienda razonable). Algunos chicos no están hechos para la universidad y les sería mejor un entrenamiento vocacional. En *Boys Adrift*, el Dr. Sax señala una vez más:

> Hace cuarenta años, tal vez treinta, ningún joven se avergonzaba por escoger una carrera de habilidades manuales o mecánicas. Comenzando a inicios de los ochenta; y sobre todo después de la publicación del informe de *Nation at Risk* creció el consenso en

> los Estados Unidos de que todos los jóvenes, sin importar alguna otra consideración, debían ir a la universidad. "La educación vocacional" perdió todo el prestigio que tenía, y se vino a ver en ciertos ámbitos casi como el basurero para los que eran un poco retrasados. Los superintendentes y directores comenzaron a ver las clases sobre mecánica de autos o de soldadura como costosas desviaciones de la misión principal de la escuela de asegurar que todos los estudiantes fueran a la universidad.[9]

Sin embargo, el entrenamiento vocacional está regresando en la medida en que la sociedad se da cuenta de que a muchos jóvenes les falta el fundamento y/o la ambición para asistir a la universidad. Además, hay demanda para muchas especialidades vocacionales que no requieren un grado universitario. Un artículo de la revista *Time* titulado "¿Crecer? No tan rápido" que trataba el problema de la adultez demorada entre los hombres, reportó hace poco un incremento en programas de aprendizaje que dan a los graduados de preuniversitario una alternativa más práctica y menos costosa que la universidad.

En 1996 Jack Smith, en aquel tiempo gerente principal de General Motors, comenzó el Sistema Educacional Automotor para Jóvenes (AYES, por sus siglas en inglés), un programa que ubica a chicos de preuniversitario en empresas, al lado de experimentados mecánicos de autos. Más de 7,800 estudiantes lo han probado, y el 98% de ellos ha terminado trabajando en la empresa donde recibieron el aprendizaje. "Sabía que esta era la mejor manera de meterme en la agencia de venta de autos", dice Chris Rolando, de 20 años, un graduado del programa AYES que trabaja en una agencia de Detroit. "Mis amigos siguen trabajando en pizzerías y no tienen idea de qué hacer para ganarse la vida. Yo acabo de comprar mi casa y tengo una carrera".[10]

Si usted reconoce con anticipación que su hijo no es un candidato para la universidad y que le sería más conveniente una carrera vocacional, no es mala idea llevarlo a oportunidades de entrenamiento cuando cumpla los dieciséis, mientras todavía está bajo su techo. Una amiga mía que tiene tres hijos les pidió que aprendieran una habilidad vocacional en su último año de preuniversitario además de la educación universitaria que vendría después. Pensé que era una idea maravillosa y que me hubiera encantado haber hecho lo mismo con mis hijos como un plan de respaldo para que tuvieran más puertas abiertas en una difícil economía. Tal y como se acostumbra, mis hijos optaron por asistir a la universidad pero no sin exponer las claras expectativas de lo que esperábamos como resultado de nuestra inversión. De hecho, mi esposo preparó un contrato para cada uno de nuestros tres hijos y les pidió que lo firmaran antes de que diéramos nuestro consentimiento de enviarlos a la universidad. Aunque exigimos a nuestros hijos que trabajaran en los meses de verano y ganaran dinero para sus gastos universitarios, pudimos pagar la mayor parte de sus gastos de la universidad y aclarar que, al hacerlo, su educación universitaria era un privilegio y no un derecho. En otras palabras, si no cumplían su parte del contrato, el dinero para la universidad cesaría.

En el contrato mi esposo detalló todo lo que cubriríamos en un período de cuatro años. Si no terminaban en cuatro años, tendrían que conseguir un préstamo para pagar por el resto de su educación universitaria. Mi hijo mayor se graduó hace poco (en cuatro años y medio) y, de acuerdo con el contrato, consiguió un préstamo (por sí mismo) para pagar el último semestre. También tuvo que pagar por la matrícula, libros, y gastos de alimentación y hospedaje. El contrato también requería que cada hijo tomara un mínimo de quince horas por semestre; obtuviera al menos un GPA mínimo (que se calculó según el potencial académico de cada uno); permaneciera involucrado en una iglesia local y en el estudio de la Biblia mientras estuviera en la universidad; y que se involucrara en actividades extracurriculares sanas como clubes cristianos y deportes universitarios. Si alguno de nuestros hijos desaprobaba un curso, tendría que devolvernos todo el dinero de ese curso. Además, al final del período de cuatro años, se le impondría una especie de multa si no alcanzaba el GPA mínimo requerido, en base a cuánto había descendido de la meta preestablecida.

Comprendo que puede parecer duro para algunas personas que leen esto, pero mi esposo y yo somos de la escuela de pensamiento de que la educación universitaria es un privilegio, no un derecho, y la universidad no es una etapa de la vida donde se supone que los jóvenes "disfruten de la juventud". Aunque el contrato no detallaba un código moral específico de conducta, era más que entendible que si aparecían fotos en Facebook mostrando a nuestros hijos involucrados en un juego con bebidas, bajando de golpe tragos de vodka, o involucrados en otras conductas peligrosas o pecaminosas, entonces era tiempo de que regresaran a casa. Y por "regresar a casa", queremos decir, venir a casa y pagar una renta, conseguir trabajo, con la opción de enrolarse en algún centro universitario de la localidad (de su bolsillo). Por la cantidad que estamos pagando por la universidad, tenemos todo el derecho y la obligación de atar cuerdas a los dólares que estamos presentando como una inversión hacia el futuro de ellos. Me siento feliz al decir que nuestros dos hijos mayores, que están ambos en esta etapa de la vida, en general han tomado maravillosas decisiones con relación a los grupos con los que se relacionan en la universidad, se han involucrado en actividades cristianas y se han conectado con muy buenas iglesias. El contrato sirvió de manera exitosa como una motivación para mantenerse en el camino correcto.

Además de preparar a nuestros hijos para la fase del lanzamiento final, también hemos tenido muchas conversaciones relacionadas con las desventajas del matrimonio demorado. También hemos desalentado a nuestros hijos a tener citas por recreación (el modelo de la cultura) y los hemos animado a llegar al noviazgo con el matrimonio en mente. (Voy a analizar este concepto con más profundidad en el capítulo 16).

Amor duro

Cada niño es diferente, y el sistema que mi esposo y yo hemos usado con nuestros hijos pudiera no ser el mejor sistema para su(s) hijo(s). Lo principal es tener listo un plan de lanzamiento para su(s) hijo(s) y hacer saber de manera clara cuáles son sus expectativas. Es posible que tenga que revisar y hacer ajustes durante el camino, pero no se dé por vencida y posponga el lanzamiento de manera indefinida. Una amiga mía tiene un hijo que experimentó un "fallo en el lanzamiento". Él fue a la universidad después de graduarse del preuniversitario y regresó a casa después de un año a causa de haber sido puesto en probatoria académica. Regresó para intentarlo una vez más y desaprobó por completo. De regreso a casa y viviendo en su cuarto, consiguió un trabajo a tiempo parcial y se inscribió para recibir unos cursos en el centro universitario local. Se quedaba despierto hasta muy tarde en la noche jugando video juegos y se pasaba el día durmiendo. Recibió advertencia tras advertencia de parte de sus padres, y cuando desaprobó sus cursos en el centro universitario local, recibió un ultimátum de amor duro: O consigues un trabajo a tiempo completo, o te enrolas en el ejército. Es tu decisión, pero en dos meses vamos a convertir tu habitación en la oficina de la casa, y ya no podrás seguir viviendo allí.

En ese tiempo su trabajo de tiempo parcial había disminuido a menos de veinte horas a la semana, y él no tomó la iniciativa de buscar un empleo adicional. Se sentía bien en su camino, rumbo a convertirse en un Peter Pan adulto. Una semana antes de cumplirse el plazo, su madre se sentó con él y le mostró algunos lugares (en el lado malo de la ciudad) donde tal vez podría pagar el precio de una renta. Le recordó que tendría que pagar también por el combustible y el seguro del auto y que sus ingresos actuales no cubrirían sus gastos. Luego le mostró las rutas de los autobuses de la ciudad y con cariño le recordó que el plazo para mudarse se acercaba. Fue la llamada que necesitaba para despertar, y en unos días se unió al ejército. Me alegra contar que ya no está en la casa y está en camino a convertirse en un adulto. Mi amiga derramó muchas lágrimas durante el proceso, preguntándose si había hecho lo correcto. Casi puedo asegurarle que si ella no toma el camino del amor duro, es probable que su hijo aún estuviera sentado en el sofá, con el control de juegos en su mano, rodeado de un mar de latas vacías de bebidas energéticas, mientras su dulce mamá preparaba la comida en la habitación de al lado.

Parte de "criarlos" es "sacarlos"

Como madres, nuestro corazón está programado para alimentar y cuidar a nuestros hijos. Cuando son chicos y dependen por completo de nosotras para suplir sus necesidades, nos sentimos valiosas y dignas. Se siente bien que otros nos *necesiten*. Debemos recordar que nuestro llamado divino como madres es a criar simiente piadosa para la próxima generación. Y parte de "criarlos" es "sacarlos". O "cortar el cordón", por así decirlo. No es bíblico permitir a nuestros hijos seguir dependiendo de nosotras después de alcanzar una edad razonable para que sean suficientes por ellos mismos. Es el diseño de Dios que los niños se conviertan en hombres mientras están bajo la tutela de sus padres. Nuestra función es guiarlos hacia la adultez y equiparlos con las herramientas y el entrenamiento necesarios para sobrevivir por su cuenta. El proceso de lanzamiento comienza cuando son pequeños y continúa con los años. La tarea asignada a cada madre es criar a su hijo para que sea un hombre, no un Peter Pan de pelo en pecho que de alguna forma nunca piensa que va a volar más allá de la Tierra de Nunca Jamás de la niñez perpetua.

CONVERSACIÓN 5

Los hombres piadosos están escasos. ¡Atrévete a ser uno de ellos!

CAPÍTULO QUINCE
Se busca: Algunos buenos ejemplos

Si tuviera que imaginar qué es lo que hace feliz a un adolescente/joven promedio (en edades comprendidas entre los trece y los veinticuatro años), ¿qué diría? Mis propuestas serían "salir con los amigos", "tener mucha libertad", o quizás "posesiones materiales". Cuando se les hizo esta pregunta abierta a 1280 adolescentes/jóvenes adultos (en edades comprendidas entre los trece y los veinticuatro años), créalo o no, la respuesta número uno fue pasar tiempo con la familia.[1] Este estudio, dirigido por la Prensa Asociada (AP) y MTV, descubrió también que cerca de tres cuartas partes de los jóvenes dice que la relación con sus padres los hacen felices.[2] Pero eso no es todo. Cuando se les preguntó que nombraran a sus héroes, casi la mitad de las respuestas mencionaron a uno o a ambos padres. La ganadora, por estrecho margen: Mamá.[3] Recuerde esto la próxima vez que su hija le vire los ojos o que su hijo le cierre la puerta de forma violenta.

En el libro *Teenage Guys*, Steve Gerali dice: "El primer y más poderoso contexto para un chico es su familia. Aquí aprende sobre los roles de género, expectativas sociales y su singularidad".[4] Sin lugar a dudas, los padres tienen una importancia esencial en la vida de un chico. El escritor y psicólogo Michael Thompson señala: "Un niño que crece sin el modelo de conducta masculino es como un explorador sin un mapa".[5] Los chicos necesitan ver cómo los hombres se desenvuelven en el trabajo y en la casa, cómo manejan situaciones de estrés, como establecen un balance entre sus obligaciones, cuál es su trato con los miembros de la familia, y, lo más importante, cómo hacen planes para el futuro.[6] Pero, ¿qué sucede si un niño no tiene la bendición de un padre que vive en la casa y es un buen modelo para él? Aunque la dinámica familiar ideal debe ser una madre y un padre felizmente casados, seguir a Cristo, y criar a sus hijos para que hagan lo mismo, no siempre es lo que sucede. De hecho, se ha convertido en algo raro. Tome por ejemplo el desafío de Amy, que me detalla en un correo electrónico:

> Mi hijo tiene nueve años. Mi esposo es un conductor de camión de carreteras, y pasa mucho tiempo fuera. Mi hijo ama a su padre y anda siempre con él cuando está en casa. Pero su papá no es creyente, y existen carencias en cuanto a un positivo modelo de conducta masculino en su vida. De nuestra congregación de 250, solo uno de los hombres de nuestra iglesia está dispuesto a trabajar con los niños cada semana. ¿Qué se hace cuando el papá no es creyente y no hay una fuerte influencia masculina en la vida de un hijo?

He hablado con muchas madres en mis eventos que comparten historias desgarradoras de esposos/ex esposos que toman, insultan, y/o se involucran en otros actos inmorales a la vista de sus hijos. Por favor, sepa que mi corazón se estremece por usted si cae dentro de esa categoría. No puedo siquiera imaginar la angustia que ha experimentado al no tener el apoyo de un esposo piadoso como padre de sus hijos. Si enfrenta un desafío similar y su hijo no tiene un fuerte modelo de conducta masculino en casa, por favor, no se desespere. Sea usted una madre soltera o esté casada con un hombre que no es modelo de conducta piadoso, por favor, sepa que hay esperanza. La felicito por seleccionar este libro. Eso indica que es del tipo de mamá que no se da por vencida. Tendrá que trabajar más fuerte para exponer a su hijo ante apropiados modelos de conducta masculinos, pero no se ha perdido la esperanza.

Aunque no me puedo identificar con su difícil situación, sepa que la he tenido en mi mente (y mis oraciones) mientras escribía este libro. He tratado de no asumir de manera general que la mayoría de las madres que van a ser mis lectoras tienen esposos que son hombre piadosos, involucrados de forma activa en la crianza de sus hijos. Las "conversaciones" que he presentado en este libro tienen como fundamento una presuposición: Que las madres las van a compartir con sus hijos, sin importar si tienen un esposo a bordo para ayudarlas en ese intento. Las madres que tienen la bendición de tener esposos piadosos que las apoyan pudieran delegarles algunos de los temas más sensitivos que hemos analizado, pero lo importante es que *alguien* esté dispuesto a compartir las conversaciones. Y hacerlo a menudo.

Dicho esto, sería negligente si no les comunico la importancia de exponer a sus hijos a piadosos modelos de conducta masculinos. Los modelos de conducta masculinos positivos (hombres comprometidos con la masculinidad bíblica) son una influencia importante en la vida de todos los niños, incluyendo aquellos que tienen la bendición de un padre piadoso. El escritor John Eldredge dice: "Un niño aprende quién es y lo que tiene de un hombre, o de un grupo de hombres. No puede aprenderlo de ningún otro lugar. No lo puede aprender de otros niños, y no lo puede aprender del mundo de las mujeres".[7] No es suficiente que las madres se involucren en las conversaciones necesarias con sus hijos para que se conviertan en hombres piadosos. Las madres deben exponer de forma activa a sus hijos ante hombres piadosos que "hagan lo que dicen" y "digan lo que hacen". Entrenadores, líderes de grupos exploradores, etc., pueden ser una poderosa influencia en la vida de un niño, sobre todo si ellos modelan atributos piadosos asociados con la masculinidad bíblica. Esto es muy importante si tiene un esposo o ex-esposo que está modelando conductas *negativas* contrarias a las normas de Dios para la masculinidad bíblica. En la medida en que crece su hijo, tal vez sea necesario que le confiese la situación y exprese su pesar por la ausencia de un modelo de conducta piadosa de parte de su padre. Ore para saber si debe dar ese paso. Si lo hace, sea cuidadosa de no arremeter contra su padre, sino más bien maneje la situación con un espíritu de sincera humildad. Si expone a su hijo ante hombres piadosos de forma regular y sistemática, su hijo al final va a sacar conclusiones obvias en lo que respecta a cómo debe ser un modelo de conducta masculino piadoso.

Se necesita la comunidad

El escritor Steve Gerali dice: "Según mis observaciones los chicos tienden a buscar modelos masculinos por sí mismos. Sienten atracción por ellos; es parte del mecanismo interno de ser un chico. Por lo tanto, en lugar de encontrar un modelo de conducta para su hijo, una madre soltera debiera preocuparse más por ayudarlo a elegir bien los modelos que ya está buscando".[8] Como madres, nuestra tarea es exponer a nuestros hijos a ambientes en los que haya una concentración mayor a la normal de hombres que modelen una masculinidad bíblica. Envíe a su hijo en viajes misioneros o con jóvenes en los que los mentores son hombres piadosos. Mi hijo más pequeño regresó hace poco de un viaje misionero de una semana, y mientras le contaba a mi esposo sobre el viaje, mencionó al menos a tres hombres adultos con los que pasó tiempo y que dejaron en él una impresión positiva. "De verdad me agradó". O, "no lo conocía bien antes del viaje, pero es muy buena persona". Mire bien las pistas que su hijo está dejando y envíe a esos hombres que han dejado una impresión positiva una nota de gratitud. Sé que esos hombres escasean, pero puedo prometerle que hay algunos. Están en las iglesias locales, negocios, vecindarios, y es posible que hasta en su propio árbol familiar. El escritor Rick Johnson aconseja: "Presente héroes masculinos a su hijo; él necesita ver cómo son. Los héroes no tienen que ser personajes de acción famosos, más allá de la realidad".[9]

Si su hijo no se siente motivado por alguno de estos hombres, no hay nada de malo en señalar a algunos hombres que usted conozca (o haya observado) que muestren características de un carácter piadoso. De hecho, analizaremos algunas cualidades en el capítulo siguiente que pueden servirle de guía. Una vez que haya identificado un candidato, ore por la posibilidad de un acercamiento a él para pedirle que sea el mentor de su hijo. Si Dios le da luz verde, siga adelante y exprésele su deseo de exponer a su hijo ante un hombre mayor piadoso como él y vea si está interesado.

Rick Johnson dice: "Los hombres mayores tienen la responsabilidad de caminar al lado de hombres jóvenes, ofreciéndoles el beneficio de su experiencia... Es importante que usted advierta a esos hombres que el padre de su hijo no está involucrado en su vida para que entiendan la importancia que tienen en la vida de su hijo".[10] Quién sabe si tal vez usted es la vía que Dios utiliza para desafiar a ese hombre para que sea un piadoso mentor. Recuerde, los beneficios de una relación de mentor-discípulo son mutuas. Y no se desaliente si se acerca a un posible mentor para su hijo y él rechaza la invitación. Mantenga el rumbo. Esto solo significa que Dios tiene a otra persona en mente que será mejor para la vida de su hijo. Confíe en la dirección de Dios en su búsqueda.

El autor Leonard Sax ofrece esta sabia idea: "Para convertirse en un hombre, un niño debe ver a un hombre. Pero ese hombre no tiene que ser su padre. De hecho, y de manera ideal, no debe ser solo su padre. Incluso si su hijo tiene un buen padre en su vida, él necesita además una comunidad de hombres quienes juntos puedan proporcionarle varios modelos de lo que puede hacer un hombre adulto productivo".[11]

Mi esposo y yo hemos expuesto de manera intencional a nuestros hijos ante otros hombres piadosos para que puedan ver diferentes tipos de personalidades que comparten una igual y firme devoción con el modelo bíblico de masculinidad. Muchos de esos hombres se han convertido en una especie de segundos padres para nuestros hijos y han jugado un papel activo como mentores suyos en el camino. Una madre puede enseñar a su hijo acerca del modelo bíblico de masculinidad, pero no puede modelar cómo es. Creo mucho en el principio de que se aprende más viendo que oyendo. Por lo tanto, es muy importante que nuestros hijos tengan cerca de sí un hombre piadoso.

Como madres, nuestra tarea es exponer a nuestros hijos a ambientes en los que haya una concentración mayor a la normal de hombres que modelen una masculinidad bíblica.

El modelo de conducta fundamental

Los hombres piadosos son esenciales en la vida de nuestros hijos, pero el modelo de conducta fundamental al que debemos dirigir nuestros hijos es el de Jesucristo. Incluso el mejor de los modelos de conducta humanos comete errores y a veces decepciona, pero Jesús nunca falla. Aunque la moda de usar la pulsera WWJD (¿Qué haría Jesús?) haya pasado, la pregunta nunca debe extinguirse en nuestro corazón. En la medida en que nuestros hijos maduren en su fe, esta pregunta debe convertirse en un fundamento principal para sus vidas. De hecho, si seguimos por mucho tiempo algún modelo de conducta terrenal que admiramos, al final terminaremos desilusionados. El apóstol Pablo nos recuerda la jerarquía adecuada cuando se trata de seguir modelos de conducta:

> Porque diciendo el uno: Yo ciertamente soy de Pablo; y el otro: Yo soy de Apolos, ¿no sois carnales? ¿Qué, pues, es Pablo, y qué es Apolos? Servidores por medio de los cuales habéis creído; y eso según lo que a cada uno concedió el Señor. Yo planté, Apolos regó; pero el crecimiento lo ha dado Dios. Así que ni el que planta es algo, ni el que riega, sino Dios, que da el crecimiento (1 Corintios 3:4-7).

Los mejores modelos de conducta son aquellos que conocen su lugar; el de ser un siervo a quien se le ha asignado la tarea de señalar a otros la dirección del único modelo de conducta digno de seguir, Jesucristo. Aunque nuestra cultura es muy propensa a exaltar a celebridades, músicos y deportistas con imperfecciones, nuestros hijos necesitan recordar que Dios exaltó a Cristo al más alto lugar y le dio un nombre que es sobre todo nombre, para que en el nombre de Jesús se doble toda rodilla de los que están en los cielos, y en la tierra, y debajo de la tierra; y toda lengua confiese que Jesucristo es el Señor (Filipenses 2:9-11).

CAPÍTULO DIECISEIS

Criar a un caballero

Pocas personas podrán olvidar la vergonzosa escena que se produjo sobre el escenario en el show de entrega de premios de la VMA en 2009, y que involucró a Kanye West y a Taylor Swift. Si usted no lo vio, tal vez sí escuchó sobre la deplorable actitud de Kanye en los días siguientes. Él anunció a las nominadas para el Mejor Video Femenino, abrió el sobre y declaró vencedora a Taylor Swift. Le entregó el premio a Taylor y mientras ella estaba en medio de sus palabras de agradecimiento, la interrumpió, tomó el micrófono y de forma muy descortés anunció: "Taylor, estoy muy feliz por ti, y te voy a dejar que termines, pero Beyonce tuvo uno de los mejores vídeos de todos los tiempos".[1] Por fortuna, el consenso del público fue que había cometido un total insulto. La cantante de pop, Katy Perry, publicó en Twitter como resultado del exabrupto de Kanye: "Kanye, es como si hubieras pisoteado a una gatita".[2] Usted sabe, no es nada bueno cuando Eminem, célebre por algunas rabietas en público por causa de su temperamento, evalúa la actitud de Kanye y dice: "No debió hacer eso, hombre,… tenga en cuenta que es una niña pequeña".[3]

El escándalo llamó la atención a un problema real presente entre los jóvenes de hoy: El tradicional caballero parece ser una raza perdida y moribunda. El tipo de caballero cortés, con sus gestos con el sombrero y que ofrece de inmediato el asiento a una dama como los que cortejaron a nuestras abuelas ya es algo olvidado desde hace mucho tiempo en el pasado. Aunque no estoy sugiriendo que regresemos cincuenta años atrás y revivamos los gestos de saludo con el sombrero, sí pienso que los padres necesitan ser más resueltos cuando se trata de educar a sus hijos para que sean caballeros. En este capítulo quiero analizar varias cualidades esenciales que encuentran sus raíces en la Biblia y son cualidades del carácter necesarias para todo caballero en formación.

Un caballero valora su reputación

> *De más estima es el buen nombre que las muchas riquezas, Y la buena fama más que la plata y el oro (Proverbios 22:1).*

A menudo cuando hablo a adolescentes, los desafío con la pregunta: "¿Son ustedes del tipo de persona que tiene reputación?" La pregunta hace que algunos de ellos se muevan nerviosos en sus asientos. Si miramos la palabra *reputación* en el diccionario, pudiera encontrar esta definición: "La estimación generalmente aceptada de alguien; carácter, prestigio, nombre".[4] La verdad es, cada uno de nosotros tiene una reputación una "estimación generalmente aceptada" según la determinación de otros. Y esa estimación puede ser en sentido general buena o mala. Para ilustrar el poder de este factor de "estimación" cuando se determina la reputación de una persona, le digo a mi joven audiencia que voy a anunciar varias celebridades muy conocidas, y cuando lo haga, quiero que ellos piensen en una o dos palabras para describir la persona (para ellos mismos, por supuesto). Lanzo nombres como Britney Spears, Tom Cruise, Lindsey Lohan, Chris Brown, y Miley Cyrus. Pienso que puede imaginar algunas de las palabras que traen a colación para describir a esas celebridades. Entonces les indico que acaban de caracterizar a cada persona con una reputación designada que tiene como base la "estimación generalmente aceptada" del público. Les aclaro que aunque ellos no sean famosos ni están ante la vista pública, de todas formas son "estimados" cada día por otras personas. Entonces les desafío a pensar en una o dos palabras que otros que los conocen pudieran usar para describir el carácter de ellos si alguien se lo pidiera. Le aseguro que es una idea inquietante para algunos. Me imagino que yo hubiera sido una de esas "inquietas" si se me hubiera desafiado con esa idea a la edad de ellos.

Una vez escuché a un orador decir: "Usted es aquello en lo que se ha estado convirtiendo". Vaya, qué poderosa afirmación. Nuestros hijos necesitan saber que usted es juzgada por sus acciones. En mis años de trabajo con chicas adolescentes y universitarias, he tenido un buen número llorando sobre mis hombros por acciones que las han dejado con reputaciones mancilladas. Como analizamos en la conversación 2, es bastante común que los niños y adolescentes tengan una desconexión cognitiva cuando se trata de tomar decisiones. En otras palabras, es difícil para ellos transitar en su mente por todo el trayecto lógico de la decisión y sopesar sus posibles consecuencias. La mayoría de nosotros puede relacionarse con ese desafío durante nuestros años de adolescencia y juventud temprana y tener su propia cosecha de consecuencias negativas como resultado. Sin embargo, es aquí donde tenemos que ser fieles para ayudar a nuestros hijos a ver que sus acciones determinan su carácter, y su carácter, a su vez, determina su reputación.

Sócrates, el filósofo griego del siglo cuarto a.C., dijo una vez: "Estimen su buen nombre como la más preciosa joya que puedan poseer. El camino para ganar una buena reputación es esforzarse para ser lo que usted quiere parecer".[5] Este es un reto difícil para nuestros hijos que están creciendo en una era donde el Internet registra cada paso de su juventud y no olvida nada. Debemos ser diligentes al compartir con nuestros hijos la clave para obtener una buena reputación. La podemos encontrar en Proverbios 3:1-4: "Hijo mío, no te olvides de mi ley, Y tu corazón guarde mis mandamientos; Porque largura de días y años de vida y paz te aumentarán. Nunca se aparten de ti la misericordia y la verdad; átalas a tu cuello, escríbelas en la tabla de tu corazón; y hallarás gracia y buena opinión ante los ojos de Dios y de los hombres". Para recordar la enseñanza de Dios, nuestros hijos deben primero conocer la enseñanza de Dios. Al conocerla, deben atesorarla en sus corazones y sacar de esa reserva cuando sea necesario. Este es el punto de impacto cuando el patrón de Dios va más allá de un simple conocimiento en la mente y se arraiga en el corazón. Podemos hacer nuestra parte para proveerles la adecuada enseñanza a lo largo de los años, pero no podemos hacer que atesoren esa enseñanza en su corazón. Además, tampoco podemos hacer que ellos recurran a esas verdades y las apliquen en su vida diaria. Sin embargo, podemos orar con toda pasión como trabajo adicional.

Un caballero es cortés

Hace poco, mientras me probaba uno pantalones en un tienda de la localidad, no pude evitar oír una conversación entre dos muchachas jóvenes en un probador próximo a mí. Una de ellas expresaba su preocupación a su amiga sobre la falta de buenos modales de su novio. "No parece entenderlo. Cuando comenzamos a salir, siempre pagaba todas las comidas, pero ahora que ya llevamos seis meses juntos, ¡algunas veces él quiere que sea yo la que pague! Y nunca más se adelanta para abrirme la puerta o espera a que yo entre antes que él. El otro día fuimos al centro estudiantil y entró al edificio justo delante de mí mientras yo buscaba mi identificación de estudiante en mi cartera, y dejó que la puerta se cerrara tras sus espaldas".

En ese momento apenas pude evitar gritarle: "¡Deshazte de él, hermana! ¡Es un inútil!" Como si su queja no fuera suficientemente triste, ¡no se imagina la respuesta que le dio su amiga! "Sí, pero por lo general ya ningún chico se adelanta a abrir la puerta. Quiero decir, me gustaría que lo hicieran, pero no podemos culparlos si no se han educado así". Esto en verdad me inspiró a sentarme con mis dos hijos los días siguientes y asegurarme de que se estaban comportando como los caballeros que su padre y yo estábamos intentando que fueran. Es evidente que la cortesía está en la lista de las cualidades del carácter en peligro de extinción. El escritor Rick Johnson dice: "A los niños hay que enseñarlos a respetar a las mujeres de todas las edades, desde las niñas hasta las abuelas. Deben abrirles las puertas y cargar sus paquetes pesados, no porque las mujeres sean más débiles o incapaces, sino porque merecen ser honradas y apreciadas".[6] Continúa y ofrece el siguiente consejo a las madres de varones: "Enseñe

Para recordar la enseñanza de Dios, nuestros hijos deben primero conocer la enseñanza de Dios.

a su hijo a edad temprana a abrir la puerta para usted y para sus hermanas. En la medida en que la cortesía y el respeto se manifiestan en otras áreas de su vida, se convertirán en un hábito de toda la vida y ayudarán a crear una actitud por la cual alguna futura joven la apreciará y elogiará mucho".[7] Imagino que mis vecinas en el probador de aquella tienda habrían gritado un vigoroso "¡amén!" al escuchar este consejo.

La cortesía es controversial dado el movimiento feminista y los residuos de confusión que este deja tras de sí. Aunque algunas mujeres pudieran ofenderse si un hombre se atreve a sostener la puerta para ellas, la mayoría de las mujeres siguen apreciando ese gesto de amabilidad. (Y dudo que esas feministas se atrevan a quejarse si están en un barco que se hunde y un caballero se ofrece para cederle su asiento en el bote salvavidas a una de ellas). La cortesía no debe reservarse solo para las mujeres. Nuestros hijos deben aprender a observar si alguien está necesitado, incluyendo niños y ancianos, y estar dispuestos a ayudar si se presenta la oportunidad. La sabiduría de Lucas 6:31 no tiene límite de tiempo para cada generación: "Y como queréis que hagan los hombres con vosotros, así también haced vosotros con ellos".

Cortesía en el noviazgo

Aunque nos estamos refiriendo al tema de la cortesía, quiero tocar el tema del noviazgo. Ya mencioné en el capítulo 14 que mi esposo y yo hemos hablado con nuestros hijos para que no salgan con chicas solo por distracción y los hemos animado más bien a hacerlo cuando tengan en mente el matrimonio. El concepto de noviazgo con el matrimonio en mente es bastante radical cuando se compara con la manera de pensar de la mayor parte de los jóvenes cuando se trata de salir con chicas. Muchos jóvenes hoy van muy rápido a una relación de noviazgo y lo ven como un seguimiento a una chispa inicial de atracción para explorar futura compatibilidad. En vez de usar el noviazgo como un foro para poder conocer a alguien después de una atracción inicial (el modelo de la cultura), cuando usted tiene el matrimonio en mente, dedica mucho tiempo primero tratando de conocer a la persona como amigo antes de decidir si van a dar el paso siguiente hacia el noviazgo. Cuando decide salir con alguien con el matrimonio en mente, eleva la escena de tales salidas a un compromiso más serio que se parece más al período previo al compromiso.

Mi esposo y yo no hemos sido intransigentes en nuestra estrategia hacia las salidas, pero hemos sido muy directos acerca de nuestros puntos de vista y expectativas con nuestros hijos. Aun cuando preferimos que nuestros hijos tengan este tipo de relación con el matrimonio en mente, ellos han tenido unas cuantas experiencias que no se corresponden con esta descripción. No obstante, mi esposo y yo hemos estado monitoreando de forma activa esas relaciones y guiándolos a lo largo del camino. Para nuestra dicha, nuestros hijos salieron con chicas más tarde de lo normal (nuestros dos mayores ya estaban en el último año del preuniversitario), y en total solo ha sido un puñado de relaciones que monitorear. (Cada uno de nuestros hijos pasó entre tres y seis meses de sus cuatro años de preuniversitario en relaciones de este tipo). Al final Dios usó esas experiencias para ayudarlos a arribar por ellos mismos a sabias conclusiones con respecto al noviazgo y aprender el valor de hacerlo con el matrimonio en mente.

Nuestros tres hijos vieron el noviazgo con el matrimonio en mente. En consecuencia lo vieron como un paso serio; un paso que se da cuando uno siente que es posible que haya conocido a la persona a la que Dios te está guiando para el matrimonio. Por ejemplo, mi hija no tuvo citas en todo su primer año en la universidad. Conoció a un muchacho en el primer semestre de su segundo año por medio de una cita a ciegas a través de una amiga. Él estuvo interesado en conocerla más (y vice versa) después de la primera salida y le pidió que salieran a comer la semana siguiente. Luego de esa oportunidad volvió a pedirle que salieran otra vez, está vez a tomar un café. Hubo algunas actividades en grupos con varios amigos y otras cuantas salidas juntos. Mientras más se conocían, más se interesaban el uno por el otro. Además, pasaban muchas horas hablando por teléfono para conocerse mejor.

Cuando decidieron una relación más formal con el matrimonio en mente, había pasado un período de cuatro meses desde la primera salida. Habían pasado esos valiosos cuatro meses conociéndose entre sí sin las complicaciones y distracciones físicas y emocionales que nublan la mayoría de las relaciones de noviazgo. Por lo tanto, no corrieron el riesgo de basar una relación en sentimientos o atracción física. Cuando decidieron hacerse novios, ya conocían los puntos de vista de cada uno con respecto a la fe, el matrimonio y las cosas más importantes. Lo más importante, sabían que Dios los estaba guiando a dar el siguiente paso porque habían buscado con cuidado y en oración su sabiduría y dirección a lo largo del camino. Su novio le había comunicado abiertamente al poco tiempo de conocerse que solo saldría con una chica con el matrimonio en mente y que su meta era ayudar a "guardar y proteger su corazón" a través del proceso que vendría. (¡En verdad una meta piadosa y noble que puso una sonrisa en el rostro de esta madre!) Al establecer su patrón de manera honesta, mostró muchas de las cualidades piadosas que estamos analizando en este capítulo. Y soy feliz al decir que este maravilloso joven hace poco le propuso matrimonio a mi hija. Sé que el modelo de su noviazgo suena poco real, dado el mundo en el que vivimos, pero es posible un noviazgo con integridad. Y es posible educar a nuestros hijos (e hijas) para que tengan noviazgos con integridad.

Como madres, tenemos que dedicar tiempo para ayudar a nuestros hijos a comprender cómo es ser cortés en el noviazgo. Aunque me gusta mucho ver a los chicos pasar tiempo juntos en grupos (sobre todo en los años del preuniversitario), pienso que necesitamos ser cuidadosos para que nuestros hijos no dependan siempre de este modelo. Necesitamos criar hijos que sepan que parte de su crecimiento y de convertirse en los hombres que Dios quiere que sean significa dejar las salidas en grupos atrás y buscar una pareja cuando sea el tiempo adecuado. Eso significa descolgar el teléfono (por favor, ¡no permita que sus hijos le pidan una cita a una chica por medio de un mensaje de texto!), y pedirle a la muchacha que salga con él, manejar hasta su casa para buscarla, abrirle las puertas y mostrar otros actos de cortesía, pagar la cuenta, y dejarla en casa al final de la tarde sin esperar un beso de buenas noches ni ninguna otra cosa.

El noviazgo no tiene que imitar el modelo del mundo.

El noviazgo no tiene que imitar el modelo del mundo. De hecho, si nuestros hijos están buscando seguir a Cristo, no debe parecerse en nada al modelo del mundo. Si no decimos nada con relación al noviazgo, nuestros hijos entonces se conformarán al modelo del mundo. Por lo tanto, debemos incluir el noviazgo como un tema regular de conversación con nuestros hijos. Comprendo que hay muchos puntos de vista diferentes con relación a esto entre los padres que están buscando criar a sus hijos para que sean piadosos. Por favor, quiero que sepa que no estoy proclamando el modelo de noviazgo con el matrimonio en mente como la única manera de hacerlo. Funcionó bien con mis hijos, y he sido testigo que funciona bien con otros. Una vez más, mi esposo y yo no hemos sido intransigentes en nuestra estrategia hacia el noviazgo, aunque sí tuvimos ciertos parámetros (no había salidas antes de los dieciséis; no podía ser relaciones que consumieran todo su tiempo, ni de mucha cercanía física, etc.) Desde el principio, fuimos firmes al expresar nuestra posición de que las salidas se reservaban para "candidatos serios al matrimonio". Al permitirle a nuestros hijos un poco de libertad para una pequeña prueba al modelo de noviazgo del mundo (bajo nuestra supervisión), cada uno de nuestros hijos al final llegaron a la conclusión de que el modelo del mundo era imperfecto.

Un caballero es desinteresado

Inclina mi corazón a tus testimonios, y no a la avaricia. (Salmo 119:36)

Un verdadero caballero pone las necesidades de otros antes que las suyas. Por supuesto, esta es una disciplina difícil para nuestros hijos cuando están expuestos a una multitud de modelos de conducta negativos que exaltan las conductas egoístas como la norma. Aunque es común involucrarse de manera ocasional en algún placer narcisista, para algunos el permitirse excesos se convierte en un estilo de vida de todo el año. Por ejemplo, un estudio reciente detectó que los estudiantes universitarios son más narcisistas y centrados en sí mismos que nunca antes. Cinco psicólogos examinaron las respuestas de 16,475 estudiantes universitarios en todo el país que completaron una evaluación titulada el Inventario de la Personalidad Narcisista entre 1982 y 2006 y pidieron respuestas a afirmaciones como: "Si yo gobernara el mundo, sería un lugar mejor", "Creo que soy una persona especial" y "Puedo vivir mi vida de la forma en que yo quiera". Para el año 2006 los investigadores hallaron que dos terceras partes de los estudiantes tenían calificaciones por encima del promedio, 30 por ciento más que en 1982.[8]

El líder del estudio, el escritor y profesor Jean Twenge de la Universidad Estatal de San Diego, dijo: "Tenemos que dejar de repetir sin parar 'Tú eres especial' y hacer que los niños lo repitan… Ya los niños están demasiado centrados en sí mismo".[9] Los investigadores atribuyen el aumento considerable en el narcisismo al movimiento de autoestima que tuvo sus raíces en la década de los 80 y sugieren además que el esfuerzo por construir la confianza en sí mismo ha ido demasiado lejos. En el estudio Twenge señala que los narcisistas tienden a carecer de empatía, reaccionan de manera agresiva ante la crítica y favorecen la promoción personal sobre la ayuda a otros. No es de sorprender que, al pedirle que identifique los posibles remedios para los crecientes problemas, los investigadores afirmaron que "la permisividad parece ser un componente" y que posibles antídotos pudieran incluir "padres sean más autoritativos" y "menos indulgencia".[10] Parece que a los narcisistas los hacen, no nacen.

No existe nada menos atractivo que una persona con problemas de derecho. Y a pesar de ello, me pregunto cómo muchas madres alimentan este monstruo, muchas mediante inocentes intentos de aumentar la estima de su hijo. Por supuesto, necesitamos alentar a nuestros hijos mientras descubren sus dones y talentos, pero nos pasamos si estamos dejando en ellos la impresión de que de alguna manera son mejores que todos los demás y merecen un lugar especial en el mundo. Como cuando cuestionamos la decisión del entrenador de poner a nuestro hijo en el banco o en una posición donde no "utiliza a plenitud sus talentos". O nos dirigimos a toda velocidad a la escuela para librar sus batallas. O les permitimos dormir hasta el mediodía en el verano y jugar con video juegos todo el día sin la obligación de una tarea que hacer o contribuir y ayudar en algo en la casa.

Luego hay mamás que alimentan en sus hijos la peligrosa mentira de que ellos pueden "ser cualquier cosa y hacer cualquier cosa que ellos deseen en el mundo si tan solo trabajan o lo intentan con todas sus fuerzas". Aunque suena muy bien en teoría, la realidad es que no es verdad. ¿No me cree? Sintonice la fase de audición de *American Idol* (Ídolo Americano) para que vea la representación de este choque de trenes. Concursantes que no cantan nada bien se presentan para una audición, a menudo con mamá a su lado comentado fuera de cámara cómo es que su hijo está destinado a ser famoso. ¡Qué triste que un panel de extraños tenga que darle la noticia a su hijo de que no tiene dotes para ser un cantante de pop! Una cosa es creer en nuestros hijos, pero les hacemos un gran daño cuando los llevamos a creer que tienen más talento de lo que en realidad tienen.

Incluso si nuestros hijos tienen un talento extraordinario, necesitamos asegurarnos de que no los alentamos al grado de que caigan en un sentido arrogante de derecho. Cuando mi hijo más joven jugó baloncesto en su primer año, un compañero que jugaba defensa en su equipo tenía un asombroso talento. Por desgracia los padres del muchacho lo habían animado al punto de que pensaban que era mejor que todos los demás y, por lo tanto, no tenía que ceñirse a las reglas, ni a las del *entrenador* ni a las del *árbitro*. Recuerdo estar sentada en las gradas cuando un árbitro le señaló su quinta y última falta del juego. Le gritó una palabrota al árbitro antes de salir del gimnasio (en lugar de regresar a la banca para sentarse con su equipo). Pero lo que sucedió después lo dijo todo. Su padre se levantó y se dirigió a donde estaba el árbitro. El padre estaba frente al árbitro, gritando, manoteando y casi echando espuma por la boca ante la "injusticia" de que había sido víctima su hijo. Ya han pasado varios años de este suceso, y no le sorprendería saber que este joven ha tenido muchísimos problemas: Malas notas (que le impidieron practicar deportes), drogas, alcohol, accidentes automovilísticos, numerosos reportes de acciones disciplinarias en la escuela, pasar tiempo en programas de aprendizaje alternativo, y la lista sigue. Tenía el talento para jugar en un equipo universitario algún día, pero es posible que termine embolsando mercancías en algún supermercado de la local, si no es que termina antes en la cárcel.

Madres, si tienen hijos pequeños, pongan mucha atención a las conductas egoístas que puedan exhibir ellos y, más importante, la respuesta de ustedes a esas conductas. Un sentido de que tengo derecho a todo no ocurre de la noche a la mañana. Se cultiva en el niño desde edades tempranas. Permítanme presentarles un buen ejemplo. Hace poco, en una salida a comer con mi esposo, estábamos sentados en un reservado justo detrás de una familia con niños pequeños. A la mitad de la comida no pude evitar escuchar una inquietante conversación entre la madre y su hijo pequeño (que parecía tener entre cuatro y seis años). Tratando de recordar lo mejor posible, este es un guión de su conversación:

Mamá: Caleb, ¿te vas a comer tus papas fritas?
Caleb: No, se ven asquerosas.
Mamá: ¿Entonces mami puede comerse tus papas fritas?
Caleb: *(empujando el plato hacia él)* No, son mis papas fritas.

Mamá: Pero dijiste que no te las ibas a comer.
Caleb: Sí, pero son mías. No te las puedes comer.
Mamá: Bueno, pero esa no fue una buena respuesta.

Un sentido de que tengo derecho a todo no ocurre de la noche a la mañana.

Así fue. Fin de la historia. El padre pagó la cuenta y la familia se fue dejando las papas fritas sin tocar en el plato de Caleb. Para ser honesta, no comprendo qué filosofía en la crianza (si es que alguna) estaba empleando esta mamá, pero si ella la sacó de un libro sobre cómo criar a los hijos, debe quemar ese libro en cuanto llegue a su casa. En la situación que presencié, hay una evidente necesidad de que ambos modifiquen su manera de comportarse y una franca discusión con Caleb acerca de su conducta pecaminosa y la necesidad de un Salvador. Veamos si podemos representar este guión con una pequeña diferencia:

Mamá: Caleb, ¿te vas a comer tus papas fritas?
Caleb: No, se ven asquerosas.
Mamá: ¿Entonces mami puede comerse tus papas fritas?
Caleb: *(empujando el plato hacia él)* No, son mis papas fritas.
Mamá: Pero dijiste que no te las ibas a comer.
Caleb: Sí, pero son mías. No te las puedes comer.
Mamá: Caleb, acompáñame un momento al baño.
(La conversación continúa en el baño o fuera del restaurante)
Mamá: En primer lugar, hijo, vamos a aclarar algo. Esas papas fritas no son tuyas. Papá y yo pagamos por ellas y, por lo tanto, en realidad son nuestras. A propósito, la hamburguesa y el batido también son de nosotros, y tu cómoda cama en casa, todos tus juguetes, tus ropas, y hasta Domino, tu hámster que tienes como mascota. Si decidimos que las queremos para nosotros o, mejor aún, decidimos que queremos dar esas cosas a otro niño, podemos hacerlo porque son nuestras.

En segundo lugar, ¿recuerdas lo que hemos hablado sobre el pecado y cómo nuestros corazones a veces desean hacer lo que no es correcto? Cuando quisiste quedarte con tus papas fritas aunque no te las ibas a comer, eso fue egoísmo. Incluso algunas veces mamá y papá pueden ser egoístas, pero el egoísmo siempre está mal. Dios es paciente con nosotros cuando nos comportamos de manera egoísta, pero Él no quiere que nos sigamos comportando así.

Sé que a veces es difícil hacer lo correcto, pero cuando piensas en lo mucho que Dios te ama y cómo envió a Jesús a morir en una cruz por tus pecados, como el pecado de ser egoísta, entonces deseas hacer lo correcto. Ahora, vamos a regresar a la mesa e intentarlo de nuevo, ¿te parece bien?

Una vez de regreso a la mesa, si Caleb no le da las papas fritas a la mamá, yo recomendaría que mamá disfrute de las papas fritas (¡y el batido de Caleb!) mientras papá se encarga de llevarlo fuera y emplear una forma más severa de disciplina. El egoísmo es pecado. ¿Cómo va Caleb a reconocer su necesidad de un Salvador si sus padres apañan su pecado y le permiten continuar en su pecado sin consecuencia alguna? Tal vez sería sabio que recordaran que Caleb será el que un día los tenga que cuidar cuando estén en un hogar de ancianos… o NO, en realidad. Si ya está dando órdenes en edad de escuela primaria, ¡es muy probable que la situación se haga mucho más difícil en los años de la adolescencia! Si criamos a nuestros hijos para que sean caballeros, debemos cortar las conductas egoístas de raíz antes de que se transformen en un sentido narcisista de reclamo de derechos.

Un caballero es humilde

> *Alábete el extraño, y no tu propia boca; el ajeno, y no los labios tuyos.* (Proverbios 27:2)

Cuando mi hijo más pequeño estaba en su tercer año del preuniversitario, él y algunos de sus compañeros de fútbol y baloncesto comenzaron un Día del Caballero en su escuela. En un momento mi hijo se refería al grupo como el Club de Caballeros de Tercer Año, pero como casi todos los clubes de nudistas en los Estados Unidos se anuncian como "clubes de caballeros", ¡lo desanimé para que no siguiera usando esa frase en particular! Mi hijo declaró que la meta del Día del Caballero era restablecer algunas características anticuadas de los caballeros de los días pasados. Una madre no podía negarse a eso. El día señalado Hayden se vistió con una camisa elegante y corbata. Yo tenía visiones dando vueltas en mi cabeza acerca de este refinado joven apresurándose a abrir la puerta a las chicas, poniéndose de pie cuando sus maestras entraran al aula, y hablando todo el tiempo con la fraseología típica de un caballero ("Buenos días tenga usted, señorita". "No, por favor, después de usted". "¿Puedo llevarle sus libros, señorita?")

Con el incidente de la toga (vea el capítulo 2) aún fresco en mi mente, no estaba del todo convencida de que sus motivos para promover un Día del Caballero fueran del todo puros. Sin duda, mis sospechas se confirmaron cuando la madre de uno de los Caballeros de Tercer Año consiguió una foto que le tomaron al grupo de muchachos mientras almorzaban en la cafetería el Día de Caballeros. Ella me la envió por correo electrónico, y yo me reí a carcajadas. Hayden y otros seis de sus amigos, cada uno vestido con camisa y corbata (algunos con chaquetas), estaban sentados alrededor de una mesa que habían cubierto con un mantel blanco. Sobre la mesa una vela encendida como centro de mesa (¿no es eso una violación del código de prevención de incendios?) y un par de botellas de un efervescente jugo de uva. Mi hijo tenía puesto un bigote mientras otro joven exhibía una pipa (¡sin tabaco!) en la boca. Pero quizás la parte más cómica de la foto era una joven que estaba al lado de ellos (una compañera de la escuela que habían reclutado), dándoles una serenata con música de violín mientras ellos se comían su banquete de croquetas de pollo en sus bandejas de almuerzo y bebían a sorbos su jugo de uva de sus tazas de poliestireno. ¿Qué estuvo ausente en la foto de estos jóvenes celebrando el primer Día del Caballero? ¡Un poco de humildad!

Aunque los chicos se vistieron como caballeros, no prestaron atención al consejo bíblico a los "jóvenes" que ofrece 1 Pedro 5:5 y no se vistieron con la pieza más importante del atavío de todo caballero en entrenamiento. "...todos, sumisos unos a otros, revestíos de humildad; porque: Dios resiste a los soberbios, y da gracia a los humildes". Nuestros hijos necesitan conocer que las cualidades que contribuyen para ser un verdadero caballero vienen de un corazón sometido a la dirección de Dios. Solo por su poder somos capaces de extinguir nuestras tendencias egoístas y ver a otros como más importantes que nosotros mismos. Filipenses 2:3-4 nos recuerda: "Nada hagáis por contienda o por vanagloria; antes bien con humildad, estimando cada uno a los demás como superiores a él mismo; no mirando cada uno por lo suyo propio, sino cada cual también por lo de los otros".

Aunque la verdadera humildad proviene del corazón, esto no quiere decir que esperamos que nuestros hijos se convenzan en su tiempo y bajo sus términos y practiquen la humildad cuando por fin *sienten* que les gusta. Como con otras cualidades que hemos analizado, les enseñamos disciplinas espirituales a edades tempranas y las consolidamos con el paso de los años hasta que se conviertan en una costumbre. Nuestra meta debe ser criar a nuestros hijos para que sean como Cristo. Y cuando se trata de humildad, Jesús es el ejemplo máximo.

Haya, pues, en vosotros este sentir que hubo también en Cristo Jesús, el cual, siendo en forma de Dios, no estimó el ser igual a Dios como cosa a que aferrarse, sino que se despojó a sí mismo, tomando forma de siervo, hecho semejante a los hombres; y estando en la condición de hombre, se humilló a sí mismo, haciéndose obediente hasta la muerte, y muerte de cruz (Filipenses 2:5-8).

Les enseñamos disciplinas espirituales a edades tempranas y las consolidamos con el paso de los años hasta que se conviertan en una costumbre.

La humildad es lo opuesto a orgullo. Esto es un recordatorio constate de que no somos "nada" separados de Cristo. Los niños que aprenden a practicar la humildad están mejor equipados para decir no al sexo fuera del matrimonio, practicar la integridad en la escuela y en el trabajo, alimentar al hambriento y vestir al pobre, hacer que el matrimonio funcione, y sobre todo comportarse como lo haría Cristo.

Tal vez el mejor ejemplo que podemos dejar a nuestros hijos cuando se trata de comportarse como los caballeros que Dios quiere que sean no es un énfasis en el código de moral establecido, sino más bien permitirles ver nuestro ejemplo personal de un corazón sometido a Cristo. Somos siervos y nada más. Todo lo que tenemos (posesiones, talentos, salud, etc.) proviene de la mano de Dios y pertenece a Dios, incluyendo la maravillosa bendición de nuestros hijos. Ellos son solo un préstamo por una temporada. Y, sin dudas, ese es un pensamiento *de humildad.*

CAPÍTULO DIECISIETE

Santidad por encima de la bondad

En este capítulo final quiero hablarle con franqueza sobre el desafío de criar hijos piadosos en un mundo impío. Quiero llegar a usted como una madre, no como una escritora con "opiniones de experta" (¡lo siento, no estoy calificada!). Muchas veces tomamos en nuestras manos libros sobre la crianza de hijos con el objetivo de encontrar algún tipo de fórmula ya probada para criar hijos saludables y felices. Usted sabe, el tipo de niño que crece para decir "por favor" y "gracias", "sí, señora" y "no, señor". El tipo de niño que arregla su cama cuando se levanta, comparte sus juguetes con sus hermanos (sin necesidad de decírselo), y recibe estrellas doradas en las pruebas de deletrear. Y cuando se trata de nuestros hijos, queremos criarlos para que sean el tipo de joven que una madre señala a su hija y dice: "Este es el tipo de chico con el que espero te cases algún día".

En la medida en que nuestros hijos crecen, queremos escuchar: "Estás criando un muchacho muy educado".

En lo profundo de nuestro corazón deseamos ver evidencias de que estamos en el camino correcto en nuestra labor como padres. En la escuela y el lugar de trabajo hay informes de calificación de seis semanas y evaluaciones anuales a los empleados para revisar el progreso y hacer los cambios necesarios en el camino. No sucede así en la crianza de los hijos, y es por eso que tenemos la tendencia a acercarnos a libros que dicen cómo hacerlo, depender de una ocasional palmada en el hombro, o incluso traducir el éxito de nuestro hijo como si fuera éxito personal. Nuestros hijos son un reflejo de nosotros, y lo admitamos o no, todos hemos sido culpables de tratar de asegurar que todo parezca perfecto, ordenado y lindo en lo exterior. Algunas más que otras, pero todas tendemos a ir en esa dirección. Y, enfrentémoslo, es mucho más fácil enfocarnos en lo exterior, donde podemos ver evidencias de cambios positivos… y también pueden verlo otros.

La verdad es que podemos entrenar a nuestros hijos para que sean corteses, educados, obedientes, desinteresados, honestos y humildes, pero si su conducta no está motivada por un amor a Cristo y un deseo de seguirle a Él, están descansando en la bondad por encima de la santidad. Isaías 64:6 nos recuerda que nuestros actos de justicia son como trapos de inmundicia. Pero la advertencia más severa viene de Cristo y sus duras palabras a los fariseos: "¡Ay de vosotros, escribas y fariseos, hipócritas! porque limpiáis lo de fuera del vaso y del plato, pero por dentro estáis llenos de robo y de injusticia. ¡Fariseo ciego! Limpia primero lo de dentro del vaso y del plato, para que también lo de fuera sea limpio" (Mateo 23:25-26).

Pocos discutirían que muchas de nuestras iglesias están llenas de fariseos que abrazan el evangelio de bondad por encima de santidad. Tengo que admitir que ha habido momentos en los que he cometido el error de acomodarme a esa manera de pensar. Si queremos criar hijos que no solo sean "buenas personas", sino, más importante, "personas santas", debemos enseñarles a mantener limpio "lo de dentro del vaso". Para poder hacerlo, no debemos tener miedo de hablar del pecado y de la historia divina de redención. El pecado no es solo una conducta sino más bien una condición. Para bien, Dios provee una solución para nuestro pecado. Nuestra tarea es comunicar la buena noticia a nuestros hijos.

Llegar al fondo del asunto

Es fácil centrarnos en estrategias para la modificación de conductas cuando se trata de entrenar a nuestro hijo en la santidad. Yo he sido culpable a veces de centrarme más en cambiar el comportamiento pecaminoso de mis hijos que en animarles a volverse al único que puede cambiar su corazón y su comportamiento pecaminoso. Y aunque puedo manipular el comportamiento de mis hijos (al menos hasta cierto nivel en los primeros años) para lograr el final deseado, no tengo control cuando se trata de cambiar sus corazones. No obstante, es ahí donde debe ocurrir el verdadero cambio. Emplear estrategias de modificación de conductas sin dirigirnos al corazón es como poner una "curita" sobre el problema. Debemos llegar al fondo del asunto.

A menos (o hasta) que nuestros hijos sean creyentes en Cristo, su motivación y capacidad para cambiar actitudes pecaminosas estarán arraigadas solo en su propia fuerza de voluntad humana. Pero para los creyentes, el verdadero cambio ocurre cuando nuestro corazón responde a la convicción de pecado con una tristeza santa en vez de una tristeza del mundo (2 Corintios 7:10) y, como resultado, volvemos la espalda al pecado (nos arrepentimos). La motivación para cambiar es el incondicional amor de Dios, "que siendo aún pecadores, Cristo murió por nosotros" (Romanos 5:8). Su bondad nos guía al arrepentimiento (Romanos 2:4), el tipo de bondad que el padre mostró a su hijo en el relato del hijo pródigo, cuando corrió hacia él y lo saludó con besos y abrazos. Nadie ni nada puede ofrecer a nuestros hijos ese tipo de amor incondicional.

> **Necesitamos dedicar tiempo para abordar el tema del pecado al nivel del corazón en un esfuerzo por ofrecer una solución permanente.**

Es fácil reaccionar ante el pecado de nuestros hijos con un conjunto de consecuencias rápidas para tratar de que no repitan los pecados. Sin embargo, necesitamos dedicar tiempo para abordar el tema del pecado a nivel del corazón en un esfuerzo por ofrecer una solución permanente. No podemos hacer que nuestros hijos experimenten tristeza santa o, de hecho, incluso que se arrepientan, pero podemos recordarles su necesidad de un Salvador y el precio que se pagó. Cuando mi hijo más pequeño sale de casa con las llaves del auto en su mano para encontrarse con algunos amigos, acostumbraba a gritarle un recordatorio de último minuto: "¡Toma buenas decisiones!" Ahora le grito: "¡Recuerda la cruz!"

Uno de los versículos que uso a menudo cuando hablo en eventos es el Salmo 26:2-3: "Escudríñame, oh Jehová, y pruébame; examina mis íntimos pensamientos y mi corazón. Porque tu misericordia está delante de mis ojos, y ando en tu verdad". Debemos enseñar a nuestros hijos a poner su corazón al descubierto delante de Dios de manera habitual y constante. Es más probable que ellos "anden en su verdad" cuando tienen el hábito de buscar a Dios para una honesta evaluación con respecto a los motivos de su corazón. Y, por supuesto, su motivación de mantenerse en el camino de Dios se encuentra en mantener siempre delante de ellos su maravillosa e incondicional misericordia.

Hasta los chicos buenos hacen cosas impías

Hace algunos meses recibí un correo electrónico de una madre que estaba consternada al saber que su hija, a quien ella describía como una "buena chica cristiana" había tenido sexo. Su hija estaba en el tercer año de la universidad y salía con un "buen chico cristiano" que estaba en el primer año del seminario. Su hija estaba viviendo en la casa, y la madre se encontró una nota del BCC (buen chico cristiano) que indicaba que habían tenido sexo. Quedó devastada porque este "futuro pastor en entrenamiento había robado la virginidad de su hija". Su propósito al escribirme fue preguntar si debía confesar a su hija que había encontrado la nota y animarla a romper con BCC. Ella incluyó extractos de la nota como evidencia de que en verdad habían tenido sexo.

De manera extraña, cuando lo leí, salí con una impresión enteramente diferente del BCC. Quedé perpleja por el sincero remordimiento que expresaba en la nota por haber cometido "un desliz". Su propósito al escribirla fue hacerle saber a ella que había experimentado un tremendo sentimiento de culpa y, luego de pasar un tiempo en oración por su pecado, había sentido que debía tomar los pasos "para guardar y proteger su corazón en el futuro". Algunos de los pasos que relacionó incluían dar cuentas de su vida cada semana a un hombre mayor y piadoso, no pasar más tiempo solos en sus apartamentos cuando sus compañeros de cuarto estuvieran fuera, y dedicar tiempo juntos leyendo la Palabra de Dios y orando. Pero lo que en realidad me impactó fue la tristeza santa que expresó en la nota por lo que había sucedido y, más importante, su deseo de volver a encaminar su relación con Dios, tanto por causa de él como por causa de su novia.

Así que, en pocas palabras, hubo pecado (un giro equivocado en la encrucijada); hubo convicción de pecado, responsabilidad por el pecado (por parte del novio), y una tristeza santa a continuación; hubo un inmediato giro en U y una nueva dirección; tuvo un plan (como resultado de su iniciativa) para ser más responsable en el futuro y así poder "proteger y guardar el corazón de la novia". ¿Y esta madre quería que su hija rompiera con este chico? A través de su dolor y desilusión por la pérdida de la virginidad de su hija (por decisión de su hija), esta madre había dejado de ver que aunque este buen chico cristiano hizo algo no tan bueno, él decidió responder de forma correcta y, más importante, una manera *piadosa*. Porque esta es la manera en que los buenos chicos cristianos se comportan cuando aman a Jesús y dan lo mejor de sí para seguirle cada día. La mamá no vio que algunas veces los buenos chicos cristianos y las buenas chicas cristianas, de hecho, cometen errores. Al final es el corazón lo que más importa.

En el transcurso de escribir este libro, mi esposo y yo experimentamos una situación con nuestro hijo más joven (un buen chico cristiano) que tomó una tonta decisión con algunos de sus "buenos chicos cristianos" amigos de la escuela. Baste decir que se salieron de su andar con el Señor. Sé que algunas de ustedes, madres con hijos pequeños, no quisieran saber que los buenos chicos cristianos, de hecho, pecan porque, como yo, tal vez imaginen que si uno hace bien todas las cosas (lee el último y mejor libro sobre la crianza de los hijos; los lleva a la iglesia todos los domingos; los cría viendo programas cristianos; los apunta para la escuela bíblica de vacaciones todos los veranos; los involucra en los grupos de jóvenes en la iglesia; los envía a campamentos y eventos cristianos; los inscribe para viajes misioneros; etc.) de alguna manera los puede proteger de tomar las mismas malas decisiones que uno tomó. Lamento ser la que explote su burbuja. Todas estas son cosas maravillosas; y, sin duda, usted está haciendo "depósitos santos" a lo largo del camino. Sin embargo, sus hijos no estarán exentos de caer en tentación y alejarse del camino de Dios. Lo sé porque una vez fui como usted. Y cuando mis hijos se desvían, de alguna manera me las arreglo para culparme a *mí misma*.

Dada nuestra propia naturaleza pecaminosa, ¿por qué siempre nos sorprendemos tanto cuando nuestros hijos (que no tienen nuestra madurez, ¡o no han desarrollado por completo sus lóbulos frontales!) deciden pecar? Esta pregunta pesó mucho sobre mi corazón mientras Keith y yo tratamos con la situación de nuestro hijo. Trabajamos arduamente para llegar a la raíz del verdadero asunto: El por qué detrás de su decisión de pecar y, más importante, la condición de su corazón. De seguro, hubo consecuencias y privilegios cancelados, pero invertimos más de nuestro tiempo en ayudar a nuestro hijo a entender mejor el principio de una tristeza santa y un verdadero arrepentimiento. Le recordamos la paciencia de Dios y su perdurable amor por él, incluso cuando él se comporta de manera indecorosa. Y entonces Keith y yo oramos para que reaccionara con quebrantamiento y una tristeza santa. Sabíamos que sin quebrantamiento y una tristeza santa la raíz del pecado quedaría intacta. Podíamos tal vez modificar la conducta de nuestro hijo con consecuencias severas, pero eso solo resolvería el problema de manera temporal.

Es mucho más difícil criar un *muchacho santo* que un *muchacho bueno*.

Al final, Dios usó la situación para que creciera la vida espiritual de nuestro hijo. Luego admitió que un fue un llamado a despertar para captar su atención antes de que se alejara demasiado de los caminos de Dios. Hemos visto evidencias de un cambio positivo en el exterior; pero, más importante, sabemos que Dios está obrando en el corazón de nuestro hijo. A pesar de nuestros mejores esfuerzos, nuestros hijos (sí, incluso los que son buenos chicos cristianos) van a pecar a veces. Al igual que nosotros. Parte de ser buenos padres es enseñar a nuestros hijos cómo obtener apoyo cuando caen. No es pretender que nunca van a caer o, aún peor, levantarlos y sacudirles el polvo antes que los vecinos los vean. Es mucho más difícil criar un *muchacho santo* que un *muchacho bueno*. Y si somos honestas, sabemos también que es mucho más difícil ser una *mamá piadosa* que una *mamá buena*.

Ideas finales

Mientras finalizamos nuestro viaje por las *5 Conversaciones que usted debe tener con su hijo*, veo como extraña ironía que coincide con la entrada de mi hijo mayor en la etapa de adultez (matrimonio, trabajo a tiempo completo) y los meses finales de mi hijo más pequeño en el nido. No es necesario que diga que he escrito estas conversaciones con cierto sentido de urgencia en la medida en que los tic-tac del reloj se hacían cada vez más fuertes en el trasfondo de mi propio viaje de crianza de hijos, señalando el cierre de un capítulo y el comienzo de otro. La salida de mi hijo más pequeño marcará mi entrada oficial en los años del nido vacío.

Si le pregunta a mis amigas más cercanas ellas le dirán que he transitado por todas las fases cuando se trata de mis sentimientos sobre la transición oficial al "nido vacío". Mi respuesta depende del día de la semana (¡sin mencionar el tiempo del mes!) y fluctúa como el clima en Texas. Algunos días estoy tan cansada de los desafíos que enfrentamos como padres, que me siento como si pusiera un reloj de conteo regresivo en la pantalla de mi computadora. Luego tocan esos días en los que presumo y digo cosas a mi esposo como: "¡Vaya, ya falta poco! ¡Ya casi llegamos, cariño!" (También le sugiero que debíamos celebrar la ocasión con un viaje a Hawái.) Luego están esos otros días que me atrapan desprevenida con solo un sencillo recuerdo de lo fugaz que ha sido el tiempo. Como hace poco, cuando mi esposo y yo estábamos sentados en las gradas viendo jugar a Hayden su último juego de fútbol del preuniversitario. Keith tan solo dijo: "Todos estos años sentándonos en las gradas todos los viernes por la noche, animando a nuestros hijos en sus diferentes deportes; no puedo creer que ya terminó. Me pregunto qué haremos el año que viene".

Espero que haya sollozado un poco al leer esto, porque eso indica que es una persona normal… y es una madre. A propósito, a mí me hizo más que sollozar y me dejó al borde de correr a mi auto para un súbito festival de llanto. Aún peor, los ojos de Keith se llenaron de lágrimas cuando vieron mis ojos brotando, y eso hizo que mis lágrimas salieran todavía más rápido. Sé que él va a extrañar a sus hijos alrededor de él viendo a sus equipos deportivos favoritos en la televisión o jugar baloncesto en la entrada de la casa. Oh, ellos seguirán viniendo a la casa, pero no se quedarán… durmiendo profundamente en los cuartos arriba… hasta el mediodía… y dejando toallas mojadas en el piso para que yo las recoja... A propósito... ¿cuántos días faltan para que se quede el nido vacío?

Al reflexionar en el viaje de la crianza de mis hijos, me siento sobrecogida con gratitud por la oportunidad de jugar una parte en la breve temporada que ellos han pasado en mi nido. Siempre fue el plan de Dios que ellos algún día dejaran el nido y salieran volando al mundo. Mi tarea fue tan solo prepararlos para el vuelo. No sé dónde está usted en el viaje en lo que tiene que ver con la preparación de sus hijos para este vuelo final, pero sí sé esto: Es una madre maravillosa. No se hubiera quedado leyendo este libro tanto tiempo si no se preocupara mucho por ser la mejor instructora de vuelo posible para los polluelos que Dios ha confiado a su cuidado.

¿Puedo darle un último consejo antes de concluir? Tómelo de parte de una madre que, cuando usted esté leyendo esto, habrá llenado su último formulario para el regreso a la escuela (¡Aleluya!); asistió a su último encuentro padre/maestro (¡uf!); y vio a su último muchacho caminar por el escenario para su graduación de preuniversitario (suspiro). Es cierto lo que dicen: EL TIEMPO VUELA. Tal vez no parezca así ahora, sobre todo si tiene hijos pequeños agarrados al borde de su falda mientras lee esto, rogando por su total atención. Antes de que se dé cuenta, estará sentada en las gradas para el último juego de béisbol o sacando fotos a su hijo con su pareja de graduación. O mejor aún, sentada en la primera fila de una iglesia, secándose los ojos mientras él intercambia votos con el amor de su vida. Tómelo de parte de una madre que experimentó todo esto en un año; ¡el tic-tac del reloj es más rápido de lo que usted cree!

Dicho esto, dedique tiempo para hablar con su hijo... y siga hablando a lo largo de los años. Le prometo, él está escuchando. Recuérdele que usted no espera que sea perfecto, y tenga agallas para decirle que usted tampoco es perfecta. Ayúdelo a cultivar el hábito de desnudar su corazón delante de Dios de manera regular. Sea un modelo de que en una relación con Cristo y en una vida en respuesta a lo que Él hizo en la cruz es donde se encuentra verdadero contentamiento y gozo. Dígale que a veces todos tenemos la tendencia a hacer tanto el papel del hermano menor (que se extravía) como la del hermano mayor (que se queda, pero se enfoca en la "bondad" por encima de la "santidad") en el relato del hijo pródigo. Pero no olvide decirle que el papel de Dios nunca cambia. Él responde con amor incondicional, sin importar qué papel jugamos. Dígale que Dios está más preocupado con su corazón y con tener una relación con él que solo en sus buenas acciones. Y dígale que, a pesar de todo, usted nunca, nunca, dejará de orar por él.

Como madres, nunca nos quedamos sin trabajo en lo que a labor de padres se refiere… incluso después de que nuestros hijos hayan dejado el nido. Nuestros hijos aún nos necesitan. Necesitan nuestras oraciones. En alguna ocasión, seguirán necesitando un poco de consejo y aliento maternales. Necesitarán algunas comidas caseras luego de semestres viviendo a base de pizzas baratas, bebidas energéticas y fideos. Necesitarán de vez en cuando un recordatorio a cortarse el cabello o a cortarse las unas de los pies (un poco vulgar, lo sé, ¿pero queremos que se casen o no?) Y entonces llegará el día en que nos presentará a una joven muy especial. ¡Y otro día en que nos dejarán a sus propios pequeños polluelos para que los cuidemos en nuestra casa! (¡Si no estamos demasiado ocupadas viajando por el mundo en una de nuestras muchas vacaciones tropicales de fantasía, libres de preocupaciones!) Como mi esposo y yo dijimos en las gradas en el último juego de béisbol de nuestro hijo más pequeño y otra vez en la primera fila de la iglesia mientras nuestro hijo mayor decía "acepto" a su preciosa novia, me recuerdo que mi función como madre no ha terminado… es solo diferente. La verdad es que no necesito luces de estadios y graderías de preuniversitario para animar a mis hijos en el viaje más importante de todos; convertirse en los hombres que Dios quiso que fueran cuando los creó. Mis hijos han volado de mi nido, pero quedarán para siempre en mi corazón.

Notas

Capítulo 1

[1] 2010 FLOTV—"Injury Report" Sneak Peek, http://superbowl-ads.com/article_archive/2010/02/06/2010-flotv-injury-report-sneak-peek, publicado el 6 de febrero de 2010.

[2] "Dockers 'Men Without Pants' March to Super Bowl," http://www.adweek.com, publicado el 21 de enero de 2010.

[3] James Poniewozik, "Dodge Charger, 'Man's Last Stand,'" http:// www.time.com/time/specials/packages/article/0,28804, 1960734_1960750_1960769,00.html, publicado el 7 de febrero de 2010.

[4] John Eldredge, *Salvaje de corazón,* Grupo Nelson, Nashville, TN, 2003.

[5] Dennis Prager, "Is America Still Making Men?" http://www.wnd. com/index.php?pageId=122350, publicado el 19 de enero de 2010.

[6] Dictionary.com Unabridged; Basado en *Random House Dictionary*, © Random House, Inc., 2010.

[7] Elizabeth Wellington, "Men's fashion retail goes tough-guy, nothing metrosexual about it; So long, sensitive side," http://www.philly. com/philly/phillywomen/90068257.html, publicado el 7 de abril de 2010.

[8] Ibíd.

[9] Ibíd.

[10] Lini S. Kadaba, "Manning up; As the testosterone turns: The new re-

trosexual gets that strong and gallant guy thing going again," http://www.philly.com/inquirer/magazine/20100407_Manning_ up.html?viewAll=y, publicado el 7 de abril de 2010.

[11] Ibíd.

[12] Peg Tyre, *The Trouble with Boys,* Crown Publishing Group, New York, 2009.

[13] Ibíd.., cita a M. Conlin, "Look Who's Bringing Home the Bacon," *Business Week*, 28 de enero de 2003.

[14] Albert Mohler, "Where Are the Young Men?" http://www. albertmohler.com/2010/02/09/newsnote-where-are-the-young-men, publicado el 10 de febrero de 2010.

[15] Rick Johnson, *That's My Son,* Revell, Grand Rapids, MI, 2005.

[16] Estudio que explora por qué los chicos se quedán detrás de las chicas en la escuela, http:// www.physorg.com/news66925169.html, publicado el 15 de mayo de 2006.

[17] Ibíd.

[18] Polly Leider, "Why Boys Are Falling Behind; Doctors and Educators Pinpoint Reasons For Gender Gap In Schools," http://www. cbsnews.com/stories/2006/01/23/earlyshow/leisure/books/main1231713. shtml, publicado el 23 de enero de 2006.

[19] Ibíd.

[20] Tyre, *The Trouble with Boys.*

[21] Ibíd.

[22] Stephen James and David Thomas, *Wild Things: The Art of Nurturing Boys,* Tyndale House Publishers, Carol Stream, IL, 2009, 125.

Capítulo 2

[1] Meg Meeker, M.D., *Boys Should Be Boys—7 Secrets to Raising Healthy Sons*, Ballantine Books, New York, 2008, 122–23.

[2] Ibíd., 91.

[3] Ibíd., 123–24.

[4] Nancy Chodorow, *The Reproduction of Mothering* (Berkeley: University of California Press, 1978), and Samuel Osherson, *Wrestling with Love: How Men Struggle with Intimacy with Women, Children, Parents and Each Other* (New York: Fawcett Columbine, 1992) como se cita en el libro de Steve Gerali, *Teenage Guys,* Zondervan, Grand Rapids, MI, 2006, 244.

Capítulo 3

[1] Rick Johnson, *That's My Son,* Revell, Grand Rapids, MI, 2005, 49.
[2] Stephen James and David Thomas, *Wild Things: The Art of Nurturing,* Tyndale House Publishers, Carol Stream, IL, 2009, 119.
[3] John Eldredge, *Salvaje de corazón,* Grupo Nelson, Nashville, TN, 2003.
[4] Meg Meeker, M.D., Boys *Should Be Boys—7 Secrets to Raising Healthy Sons,* Ballantine Books, New York, 2008, 46.
[5] Ibíd., 49.
[6] Rick Johnson, *That's My Son.*
[7] John Eldredge, *Salvaje de corazón.*
[8] Meg Meeker, M.D., *Boys Should Be Boys*, 33.
[9] John Eldredge, *Salvaje de corazón*, 5.

Capítulo 4

[1] Nancy Gibbs, *The Growing Backlash Against Overparenting,* http:// www.time.com/time/nation/article/0,8599,1940395,00.html, publicado el 20 de noviembre de 2009.
[2] Ibíd.
[3] Ibíd.
[4] Ibíd.
[5] Rick Johnson, *That's My Son,* Revell, Grand Rapids, MI, 2005

Capítulo 5

Kim Painter, "Your Health: Teens Do Better with Parents Who Set Limits," *USA Today*, http://www.usatoday.com/news/health/painter/2010-02-08-yourhealth08_ST_N.htm, actualizado el 7 de febrero de 2010.
Peter Bearman, Hannah Bruchner, B. Bradford Brown, Wendy Theobald, Susan Philliber, *Peer Potential: Making the Most of How Teens Influence Each Other* disponible en National Campaign to Prevent Teen Pregnancy, 2100 M St., NW, Ste. 300, Washington, DC 20037, www.teenpregnancy.org, cited in Anita M. Smith, *The Power of Peers*, http://www.youthdevelopment.org/articles/fp109901.htm.
Ibíd.
Meg Meeker, M.D., *Boys Should Be Boys—7 Secrets to Raising Healthy Sons,* Ballantine Books, New York, 2008, 190–91.

Capítulo 6

[1] "Teenagers Programmed to Take Risks; Risk-Taking Peaks in Adolescence, According to Scientists at UCL," http://www.eurekalert. org/pub_releases/2010-03/ucl-tpt032310.php, publicado el 24 de marzo de 2010.
[2] Peg Tyre, *The Trouble with Boys,* Crown Publishing Group, New York, 2009, 181–82.
[3] Steve Gerali, *Teenage Guys,* Zondervan, Grand Rapids, MI, 2006, 170.

Capítulo 7

[1] Ryan Singel, "Internet Porn: Worse than Crack?," http://www. wired. com/science/discoveries/news/2004/11/65772, publicado el 19 de noviembre de 2004.
[2] "Hijacking the Brain—How Pornography Works," www. AlbertMohler. com, publicado el 1 de febrero de 2010.
[3] Paul Knight, "Teen Porn 101," http://www.houstonpress. com/2010-02-18/news/teen-porn-101, publicado el 18 de febrero de 2010.
[4] Patricia M. Greenfield, "Inadvertent Exposure to Pornography on the Internet: Implications of Peer-to-Peer File-Sharing Networks for Child Development and Families," *Applied Developmental Psychology 25* (2004), 745–46, como se cita en el libro de Meg Meeker, M.D., *Boys Should Be Boys—7 Secrets to Raising Healthy Sons,* Ballantine Books, New York, 2008, 65–66.
[5] Ibíd.
[6] R. Albert Mohler Jr., "Pornified American—The Culture of Pornography," *Commentary by R. Albert Mohler Jr.,* 22 de agosto de 2005, como se cita en el libro de Steve Gerali, *Teenage Guys,* Zondervan, Grand Rapids, 2006, MI, 88.
[7] William M. Struthers, "This Is Your Brain on Porn," Youthworkerjournal.com.
[8] Ibíd.
[9] "Hijacking the Brain—How Pornography Works," www. AlbertMohler. com, publicado el 1 de febrero de 2010.
[10] JUJU Chang and Vanessa Weber, "Hiding a Porn Habit Is Part of the Thrill for Many Addicts", Abcnews.com, publicado el 8 de septiembre de 2008.
[11] Ibíd.

[12] Struther, "This Is Your Brain on Porn," Youthworker journal.com.
[13] Ibíd.
[14] Mohsen Janghorbani y Tai Lam, "Sexual Media Use by Young Adults in Hong Kong: Prevalence and Associated Factors," *Archives of Sexual Behavior*, vol. 32, 2003, 545–53. Richters, Grulich, deVisser, and associates, "Sex in Australia: Autoerotic, Esoteric, and Other Sexual Practices Engaged in by a Representative Sample of Adults," *Australia and New Zealand Journal of Public Health*, vol. 27, 2003, 180–90, una encuesta no científica realizada por *NOW*, una revista de Toronto, www. nowtoronto. com/minisites/loveandsex/2006/survey.cfm como se cita en el libro de Leonard Sax, M.D., Ph.D., *Boys Adrift,* Basic Books, New York, 2009, 132.
[15] Rick Johnson, *That's My Son,* Revell, Grand Rapids, MI, 2005.
[16] "Hijacking the Brain—How Pornography Works," www. AlbertMohler.com, publicado el 1 de febrero de 2010.
[17] Marnia Robinson, "Unexpected Lessons fron Porn Users," www. PsychologyToday.com, publicado el 7 de octubre de 2009.
[18] Ibíd.
[19] Betsy Hart, "Give Sons a 'Porno Pep Talk,'" http://www.suntimes. com/lifestyles/betsyhart/2108852,ESY-News-EasyHart18.article, publicado el 18 de marzo de 2010.

Capítulo 8

[1] Joe S. McIlhaney, MD and Freda McKissic Bush, M.D., *Hooked,* Northfield Publishing, Chicago, IL, 2008.
[2] Ibíd.
[3] Ibíd.
[4] Gary and Carrie Oliver, *Raising Sons and Loving It!* (Grand Rapids, MI: Zondervan, 2000, 66, as cited in Rick Johnson, *That's My Son* (Grand Rapids, MI: Revell, 2005), 27.
[5] Kevin Leman, *Cómo entender a los hombres,* Caribe-Betania, 2003, como se cita en el libro de Johnson, *That's My Son*, 68.
[6] Johnson, *That's My Son,* 66.
[7] Pam Stenzel, *Sex Has a Price Tag: Discussions About Sexuality, Spirituality, and Self-Respect,* Zondervan, Grand Rapids, MI, 2003.
[8] Johnson, *That's My Son*, 68.

[9] "Dos tercios de los adolescentes que tuvieron relaciones sexuales quisieran haber esperado", http:// www.bpnews.net/bpnews.asp?ID=17294, publicado el 18 de diciembre de 2003.
[10] "Sex Education: Start Discussions Early," MayoClinic.com, http:// www.mayoclinic.com/health/sex-education/HQ00547.
[11] Kristen Zolten, M.A., and Nicholas Long, Ph.D., "Talking to Children About Sex," Center for Effective Parenting, 1997, http://www. parenting-ed.org/handout3/General%20Parenting%20Information/sex. htm, como se cita en el libro de Johnson, *That's My Son.*
[12] Johnson, *That's My Son.*

Capítulo 9

[1] "CDC Report Looks at Trends in Teen Sexual Behavior; Attitudes Toward Pregnancy," National Center for Health Statistics, http://www. cdc.gov/media/pressrel/2010/r100602.htm.
[2] "Youth Risk Behavior Surveillance System—National College Health Risk Behavior Survey," 1995.
[3] Sharon Jayson, "Most Americans Have Had Premarital Sex, Study Finds," *USA Today*, http://www.usatoday.com/news/health/2006-12-19-premarital-sex_x.htm, publicado el 19 de diciembre de 2006.
[4] Ibíd.
[5] La Campaña Nacional encuestó a 1000 jóvenes de 12 a 19 años, y a 1008 adultos de 20 años y más, según la noticia. Las encuestas telefónicas las realizó International Communications Research en agosto y septiembre de 2003. La Campaña Nacional, fundada en 1996, es una organización sin fines de lucro privada con la meta de reducir en un tercio el índice de embarazo en las adolescentes entre 1996 y 2005, www.teenpregnancy.org.
[6] David Larson and Mary Ann Mayo, "Believe Well, Live Well," Family Research Council (1994).
[7] David B. Larson, M.D., NMSPH, et al, "The Costly Consequences of Divorce: Assessing the Clinical, Economic, and Public Health Impact of Marital Disruption in the United States" (Rockville, MD: National Institute for Healthcare Research, 1994), 84–85.
[8] Edmund T. Eddings, "Sexual Health Care: It's Important for Guys, Too," http://www.mtv.com/onair/ffyr/protect/sexetc_january. jhtml. Edmund T. Eddings of East Orange, New Jersey, es editor de SEX, ETC.,

el boletín nacional y sitio web escrito por adolescentes, para adolescentes, sobre temas de salud sexual, y publicado por Network for Family Life Education en Rutgers, The State University of New Jersey.

[9] "1 in 4 Teen Girls Has Sexually Transmitted Disease," http://www.msnbc.msn.com/id/23574940, publicado el 11 de marzo de 2008.

[10] Ibíd.

[11] Peter Jaret, "The 6 Most Common STDs in Men," http://men. webmd.com/guide/6-most-common-std-men.

[12] Pam Stenzel, *Sex Has a Price Tag: Discussions About Sexuality, Spirituality, and Self-Respect,* Zondervan, Grand Rapids, MI, 2003, 51.

[13] Ibíd.

[14] Ibíd.

[15] K. Christensson et al., "Effect of Nipple Stimulation on Uterine Activity and on Plasma Levels of Oxytocin in Full Term, Healthy, Pregnant Women," *Acta Obstetricia et Gynecologica Scandinavia* 68 (1989): 205–10; Larry J. Young and Zuoxin Wang, "The Neurobiology of Pair Bonding," *Nature Neuroscience* 7, no. 10. (Octubre 2004): 1048–54; K. M. Kendrick, "Oxytocin, Motherhood, and Bonding," *Experimental Physiology* 85 (Marzo 2000): 111S–124S, as cited in "Unprotected: A Campus Psychiatrist Reveals How Political Correctness in Her Profession Endangers Every Student."

[16] Michael Kosfeld, et al., "Oxytocin Increases Trust in Humans," *Nature* 435 (Junio 2005): 673.

[17] "The Benefits of Chastity before Marriage," http://www. foreverfamilies.net/xml/articles/benefitsofchastity.aspx.

[18] Meg Meeker, M.D., *Boys Should Be Boys—7 Secrets to Raising Healthy Sons,* Ballantine Books, New York, 2008, 67

[19] Joe S. McIlhaney, M.D., and Freda McKissic Bush, M.D., *Hooked,* Northfield Publishing, Chicago, IL, 2008.

[20] A. Aron, H. Fisher, et al., (2005), "Reward, Motivation, and Emotional Systems Associated with Early-Stage Intense Romantic Love," *Journal of Neurophysiology* 94 (1): 327–37.

[21] J. R. Kahn, K. A. London, "Premarital Sex and the Risk of Divorce," *Journal of Marriage and the Family* 53 (November 1991): 845–55. T. B. Heaton, "Factors Contributing the Increasing Marital Stability in the United States," *Journal of Family Issues*, vol. 23 no. 3, abril de 2002, 392–409.

[21] McIlhaney and Bush, *Hooked.*

Capítulo 10

[1] Instituto Guttmacher en New York.

[2] The National Campaign to Prevent Teen Pregnancy.

[3] Neil Howe, William Strauss, and R. J. Matson, *Millenials Rising: The Next Great Generation,* (New York: Vintage Books, 2000), 200.

[4] Encuesta Longitudinal Nacional sobre la salud en la adolescencia, a partir de entrevistas a más de 3000 madres y sus hijos adolescentes. Las conclusiones las informaron investigadores de la Universidad de Minnesota y en *Journal of Adolescent Health*, http://mentalhealth.about.com/library/sci/0902/blteensex902.htm.

[5] Diana Jean Schemo, "Mothers of Sex-Active Youths Often Think They're Virgins," *The New York Times*, http://www.nytimes. com/2002/09/05/national/05SEX.html

[5] Jane E. Brody, "Teenage Risks, and How to Avoid Them," http://www.nytimes.com/2007/12/18/health/18brod.html?pagewanted=1&_r=1&ref=science?_r, publicado el 18 de diciembre de 2007.

[7] Hanna Rosin, Even Evangelical Teens Do It: How Religious Beliefs Do and Don't Influence Sexual Behavior," http://www.slate.com/id/2167293, publicado el 30 de mayo de 2007. (Del estudio original *Forbidden Fruit: Sex & Religion in the Lives of American Teenagers ide* Mark Regnerus, un profesor de sociología de la Universidad de Texas en Austin. El libro es una obra de sociología seria y basada en encuestas exhaustivas a adultos jóvenes junto con entrevistas profundas.

[8] Ibíd.

[9] Diana Jean Schemo, "Mothers of Sex-Active Youths Often Think They're Virgins," http://www.nytimes.com/2002/09/05/national/05SEX. html.

[10] Rosin, "Even Evangelical Teens Do It," http://www.slate.com/id/2167293, publicado el 30 de mayo de 2007.

[11] "Taking the Pledge," CBSnews.com, http://www.cbsnews.com/stories/2005/05/20/60minutes/main696975_page2.shtml, publicado el 22 de mayo de 2005.

[12] Ibíd.

[13] The Heritage Foundation, "Abstinence Statistics & Studies: Teen Virginity Pledges Lead to Better Life Outcomes, Study Finds," http:// www.abstinence.net/library/index.php?entryid=1396, publicado el 21 de septiembre de 2004.

[14] Ibíd.
[15] Ibíd.
[16] Bernadine Healy, M.D., "7 Factors That Foster Teen Virginity, Pledge or No Pledge," *U.S. News*, 30 de diciembre de 2008.
[17] Ibíd.
[18] Ibíd.
[19] Ver http://www.girlsaskguys.com/Sexuality-Questions/248240-should-i-feel-terrible-for-being-a-21-year-old.html.
[20] Ibíd.
[21] Sharon Jayson, "Truth about Sex: 60% of Young Men, Teen Boys Lie about It," *USA Today*, 26 de enero de 2010. Encuesta original en la revista *Seventeen*.
[22] Ibíd.
[23] Pam Stenzel, *Sex Has a Price Tag: Discussions About Sexuality, Spirituality, and Self-Respect,* Zondervan, Grand Rapids, MI, 2003, 36–37.

Capítulo 11

[1] "Many Teens Regret Having Sex; New Poll also Shows Parents More Influential than Friends or the Media," http://www.icrsurvey.com/ Study.aspx?f=NatCam_Teens_Regret.html, posted June 30, 2000.
[2] Joan Jacobs Brumbert, *The Body Project: An Intimate History of American Girls* (New York: Vintage Books, 1998), 204.
[3] "Many Teens Regret Having Sex," http://www.icrsurvey.com/ Study.aspx?=NatCam_Teens_Regret.html, publicado el 30 de junio de 2000.

Capítulo 12

[1] Leonard Sax, M.D., Ph.D., *Boys Adrift* (New York: Basic Books, 2009), 134.
[2] Ver http://www.johnnylechner.com/home.htm.

[3] "Youth No Longer Defined by Chronological Age; Consumers Stay 'Younger' Longer," "Golden Age of Youth" study from Viacom Brand Solutions International (VBSI), http://www.marketingcharts.com/ topics/asia-pacific/youth-no-longer-defined-by-chronological-age-35-is-new-18-6530.
[4] Ibíd.

[5] Lev Grossman, "Grow Up? Not So Fast," http://www.time.com/time/magazine/article/0,9171,1018089-10,00.html#ixzz0sXQDW1pX, publicado el 16 de enero de 2005.
[6] Ibíd.
[7] Patricia Cohen, "Long Road to Adulthood Is Growing Even Longer," http://www.nytimes.com/2010/06/13/us, publicado el 12 de junio de 2010.
[8] Sharon Jayson and Anthony DeBarros, "Young Adults Delaying Marriage," *USA Today*, http://www.usatoday.com/news/nation/2007-09-12-census-marriage_N.htm, publicado el 12 de septiembre de 2007.
[9] Patricia Cohen, "Long Road to Adulthood Is Growing Even Longer," http://www.nytimes.com/2010/06/13/us/13generations.html, publicado el 11 de junio de 2010.
[10] Marcia Segelstein, "Late Dates: The Dangerous Art of Marital Procrastination," *Salvo*, Issue 8 (Spring 2009), www.salvomag.com.
[11] Ibíd.
[12] Wendy Shalit, *Girls Gone Mild: Young Women Reclaim Self-Respect and Find It's Not Bad to Be Good,* Random House, New York, 2007, 4.
[13] Ibíd.
[14] Segelstein, "Late Dates: The Dangerous Art of Marital Procrastination."
[15] "Sex Without Strings, Relationships Without Rings: Today's Young Singles Talk about Mating and Dating," *A Publication of the National Marriage Project © 2000,* www.marriage.rutgers.edu.
[16] "Dating for a Decade? Young Adults Aren't Rushing Marriage," http://www.usatoday.com/news/health/2010-06-22-10yearcourtship22_CV_N.htm, publicado el 22 de junio de 2010.
[17] Segelstein, "Late Dates: The Dangerous Art of Marital Procrastination."
[18] Ibíd.
[19] Frederica Mathewes-Green, ensayo en "First Things," agosto/septiembre de 2005, http://www.firstthings.com, as cited in Albert Mohler, "What If There are No Adults?," http://www.crosswalk.com/news/weblogs/mohler/?adate=8/19/2005#1346589, publicado el 19 de agosto de 2005.
[20] Ibíd.
[21] Jessica Bennett and Jesse Ellison, "I Don't," *Newsweek*, 11 de junio de 2010, http://www.newsweek.com/2010/06/11/i-don-t.html.

Capítulo 13

[1] Jessica Bennett and Jesse Ellison, "I Don't," *Newsweek*, 11 de junio de 2010, http://www.newsweek.com/2010/06/11/i-don-t.html.
[2] Ibíd.
[3] Ibíd.
[4] Ibíd.
[5] Albert Mohler, "The Case Against Marriage," *Newsweek*, http:// www.albertmohler.com/2010/06/25/the-case-against-marriage-courtesy-of-newsweek, publicado el 25 de junio de 2010.
[6] Joe S. McIlhaney, M.D., and Freda McKissic Bush, M.D., *Hooked* (Chicago, IL: Northfield Publishing, 2008), 101.
[7] Ibíd., 101–102.
[8] Ibíd., 105.
[9] Ibíd., 104.
[10] Wendy Shalit, *Girls Gone Mild: Young Women Reclaim Self-Respect and Find It's Not Bad to Be Good,* Random House, New York, 2007, 19.
[11] *Sex without Strings, Relationships without Rings: Today's Young Singles Talk about Mating and Dating*, A Publication of the National Marriage Project © 2000, www.marriage.rutgers.edu.
[12] Pamela Smock, una demógrafa familiar de la Universidad de Michigan, dice que alrededor del 70 por ciento de los que se casan, primero viven juntos. "La cohabitación sigue creciendo y se ha convertido en el modelo de estilo de vida".
[13] *Sex without Strings, Relationships Without Rings: Today's Young Singles Talk About Mating and Dating.*
[14] The National Marriage Project's Ten Things to Know Series, "The Top Ten Myths of Marriage" (marzo 2002); Alfred DeMaris and K. Vaninadha Rao, "Premarital Cohabitation and Marital Instability in the United States: A Reassessment," *Journal of Marriage and the Family* 54 (1992): 178–90.
[15] "Seven Reasons Why Living Together Before Marriage is Not a Good Idea," www.stcdio.org/OMFmarriage-ministry/7reasonwhy.htm.
[16] "Sociological Reasons Not to Live Together from All about Cohabiting Before Marriage," http://www.leaderu.com/critical/ cohabitation-socio.html.
[17] Linda J. Waite and Kara Joyner, "Emotional and Physical Satisfaction with Sex in Married, Cohabitating, and Dating Sexual Unions: So Men and Women Differ?" 239–69 in E. O. Laumann and R. T. Michael, eds.,

Sex, Love, and Health in America (Chicago, IL: Universtiy of Chicago Press, 2001); Edward O. Laumann, J. H. Gagnon, R. T. Michael and S. Michaels, *The Social Organization of Sexuality: Sexual Practices in the United States,* University of Chicago Press, Chicago, IL, 1994.
[18] The National Marriage Project's Ten Things to Know Series, "The Top Ten Myths of Divorce" (April 2001). David Popenoe and Barbara Dafoe Whitehead, unpublished research by Linda J. Waite, cited in Linda J. Waite and Maggie Gallagher, *The Case of Marriage,* Doubleday, New York, 2000, 148.
[19] J. Wallerstein, J. Lewis, and S. Blakeslee, *The Unexpected Legacy of Divorce: A 25-Year Landmark Study,* Hyperion, New York, 2000, xxvii.
[20] Shalit, *Girls Gone Mild.* Afortunadamente, desde 1976 una encuesta representativa nacional de alumnos de último año de secundaria y que tiene el adecuado título de *Monitoring the Future* [Chequear el futuro], realizada cada año por el Instituto para la investigación social en la Universidad de Michigan, ha hecho numerosas preguntas sobre temas relacionados con la familia. Robert Bezilla, ed, *America's Youth in the 1990s* (Princeton, NJ: The George H. Gallup International Institute, 1993).
[21] Ibíd., Shalit, *Girls Gone Mild.* "Marital Status and health: US 1999–2002," Report from Centers for Disease Control (2004). Este estudio, basado en entrevistas a 127,545 adultos de 18 años en adelante, detectó que los adultos casados tenían mejor salud psicológica y física que los adultos que cohabitaban, estaban solteros o divorciados.
[22] *Sex without Strings, Relationships Without Rings.*
[23] Ibíd.
[24] Ibíd.
[25] Ibíd.
[26] Meg Meeker, M.D., *Boys Should Be Boys—7 Secrets to Raising Healthy Sons,* Ballantine Books, New York, 2008.

Capítulo 14

[1] Meg Meeker, M.D., *Boys Should Be Boys—7 Secrets to Raising Healthy Sons,* Ballantine Books, New York, 2008, 81.
[2] Nicole Beland, "Babes in Boyland," *Men's Health* (Octubre 2004).
[3] Ibíd.
[4] Leonard Sax, M.D., Ph.D.; *Boys Adrift,* Basic Books, New York, 2009, 142–43.
[5] Ibíd.

[6] Albert Mohler, "What If There Are No Adults?," http://www. crosswalk. com/news/weblogs/mohler/?adate=8/19/2005#1346589, publicado el 19 de agosto de 2005.
[7] Sax, *Boys Adrift*, 136.
[8] Ibíd., 155.
[9] Ibíd., 123.
[10] Lev Grossman, "Grow Up? Not So Fast," http://www.time.com/ time/ magazine/article/0,9171,1018089-9,00.html#ixzz0tUmEBnvj, publicado el 16 de enero de 2005.

Capítulo 15

[1] Jocelyn Noveck and Trevor Noveck, "Poll: Family Ties Key to Youth Happiness," The Associated Press (20 de agosto de 2007), http:// www.washingtonpost.com/wp-dyn/content/article/2007/08/20/ AR2007082000451.html.
[2] Ibíd.
[3] Ibíd.
[4] Steve Gerali, *Teenage Guys,* Zondervan, Grand Rapids, MI, 2006, 208.
[5] Stephen James and David Thomas, *Wild Things: The Art of Nurturing Boys,* Tyndale House Publishers, Carol Stream, IL, 2009.
[6] Gerali, *Teenage Guys,* 244.
[7] John Eldredge, *Salvaje de corazón,i Grupo Nelson*, 2003, 62.
[8] Gerali, *Teenage Guys,* 236–37
[9] Rick Johnson, *That's My Son,* Revell, Grand Rapids, MI, 2005.
[10] Ibíd., 162.
[11] Leonard Sax, M.D., Ph.D.; *Boys Adrift,* Basic Books, New York, 2009, 204–5.

Capítulo 16

[1] "MTV Awards: West Disrupts Swift's Speech," http://www.cnn. com/2009/SHOWBIZ/TV/09/14/mtv.music.video.awards, publicado el 14 de septiembre de 2009.
[2] Ibíd.
[3] James Montgomery, "Eminem Weighs In on Kanye West-Taylor Swift VMA Incident," http://www.mtv.com/news/ articles/1644231/20100722/eminem. html, publicado el 22 de julio de 2010.

[4] "Reputation," Dictionary.com, http://dictionary.reference.com/ browse/reputation (accedido el 22 de julio de 2010.

[5] Ver http://www.quotationspage.com/quote/2871.html.

[6] Rick Johnson, *That's My Son,* Revell, Grand Rapids, MI, 2005.

[7] Ibíd.

[8] "Study: College Students More Narcissistic Than Ever," http:// www.foxnews.com/story/0,2933,254904,00.html, posted on February 27, 2007.

[9] Ibíd.

[10] Ibíd.